北京市属高等学校创新团队建设项目（IDHT20140507）

国家社科基金重大项目（12&ZD151）

早期中国研究

STUDIES OF EARLY CHINA

第 2 辑

北京联合大学考古学研究中心 编

文物出版社

图书在版编目（CIP）数据

早期中国研究．第 2 辑／北京联合大学考古学研究
中心编．—北京：文物出版社，2016.8
ISBN 978－7－5010－4644－7

Ⅰ．①早…　Ⅱ．①北…　Ⅲ．①考古学－中国－文集
Ⅳ．①K870.4－53

中国版本图书馆 CIP 数据核字（2016）第 153262 号

早期中国研究（第 2 辑）

编　　者：北京联合大学考古学研究中心

责任编辑：杨新改
责任印制：张　丽
封面设计：周小玮

出版发行：文物出版社
社　　址：北京市东直门内北小街 2 号楼
邮　　编：100007
网　　址：http：//www.wenwu.com
邮　　箱：web@ wenwu.com
经　　销：新华书店
印　　刷：北京京都六环印刷厂
开　　本：710mm × 1000mm　1/16
印　　张：13.25
版　　次：2016 年 8 月第 1 版
印　　次：2016 年 8 月第 1 次印刷
书　　号：ISBN 978－7－5010－4644－7
定　　价：90.00 元

编者语

我们这里所谓"早期中国"，实即"文化上的早期中国"的简称，是指秦汉以前中国大部地区文化彼此交融联系而形成的相对的文化共同体，也可称为"早期中国文化圈"。

早期中国以中原为核心，并且至少自五帝以来就基本前后相承、连续发展，这是中国传统史学的基本认识。但自晚清以来，随着中西文化的碰撞和中国弱势地位的显现，疑古思潮在国内外渐成风气，这一认识受到前所未有的挑战，这在顾颉刚等主编的《古史辨》中有集中体现。当然随着甲骨文的发现和研究，王国维、徐旭生等对古史的研究整理，以及20世纪20年代以来殷墟等重要遗址的考古发现和研究，极端的疑古思潮已经淡出史学领域，商代晚期以来的中国史基本为信史、中华文明的起源在商代晚期以前等观点已成学术界共识，但商代晚期以前是否存在文化意义上连续发展的早期中国，或者这个早期中国有着怎样的文化格局、特质和发展过程，都还没有定论或者不很清楚。即便是商代晚期和周代，其作为"早期中国"的范围和格局也都还歧义纷呈。

在20世纪80年代以来对中国文明起源的热烈讨论中，主要由中国学者进行的绝大部分研究都直接论述中国古代文明或国家起源的时间、标志、过程等，到处冠以"中国"而恰恰对"中国"概念不加深究，对"中国"的范围不加界定，由此自然会引起一些敏感的西方同行的非议。只有少数学者注意到早期或古代的"中国"这个概念本身需要加以研究。这当中，严文明认为中国史前文化具有统一性与多样性特点，并且存在"重瓣花朵式的格局"；张光直提出在公元前4000年前已经形成"中国相互作用圈"，中国文明具有连续性和整体性特征等，可以说已经初步搭建了早期中国文化格局的基本框架。但这些认识还远未能成为学术界的共识，还需要深入广泛地讨论。

围绕着早期中国，值得探索的重大问题还有很多：早期中国形成和发展的环境背景是什么，机制动因是什么？文化上的早期中国对此后文化上中国的连续发展有何影响，又是从何种意义上影响到政治上中国的"合久必分，分久必合"？影响到世界文明体系中"中国模式"的形成？认识清楚文化上早期中国数千年的连续发展经验，对于看清中国未来发展方向，选择适合中国的发展道路，对于全球人类的可持续发展，有着什么样的启示作用？

解决这些问题自然当以考古学为基础，同时也需要多学科协作。正如严文明在《古代文明》（第 1 卷）的"发刊辞"中所说："我们不但希望考古学家和历史学家通力合作，还希望人类学、民族学、社会学、语言学、生物学、地质学和其他有关自然科学技术方面的学者积极参与。"这也同样是我们编辑《早期中国研究》的宗旨。希望这个辑刊能得到学界的支持和爱护，在早期中国研究方面发挥越来越大的作用。

目　录

异域秩序：西周晚期和东周早期的礼俗[*]

杰西卡·罗森

（牛津大学）

陕西省韩城附近梁带村最新的考古发掘透露出[1]（图一），周人在仪礼展示中对黄金、红玛瑙、铁等异域材料的应用，以及按照北方习惯把特殊青铜器置于更精美的传统礼器中的喜好[2]。本文将论证，在公元前 9 世纪的政治危机中，这些取自政治核心区以外的材料为周人带来了新秩序。而这种对于秩序和标准化的尝试，以往总被解释为对社会等级的强化。

公元前 8 世纪，小国芮的统治者把墓地建在了梁带村（图二，1、2），他们被埋葬在棺室中，棺上装饰着精美的帷幔，帷幔由一条条青铜小鱼、铜铃、贝或石仿贝，以及大量的红玛瑙珠、费昂斯珠或是陶珠串在一起构成（图三）。最奢华的是出土有黄金的 M27 芮伯墓，M26 和 M19 墓主是他的两个配偶，都佩戴有红玛瑙、费昂斯珠与玉组合的复杂串饰。

公元前 9 世纪，随着周王室式微，面对内部的挑战，以及与北方、南方敌人的冲突，周疆域内祭祀祖先的礼仪发生了重要变化[3]。这一变化，也可称为礼制革命或改革，包括一些前所未见的、具有标准形制的成套青铜礼器的制造，以及鱼、铃、贝和珠作为棺饰的广泛流行。这一时期，梁带村的墓主人以类似的材料作为装饰，似乎这种习俗也从渭河流域和今天的

---

[*] 本文由张经译，刘艳校。

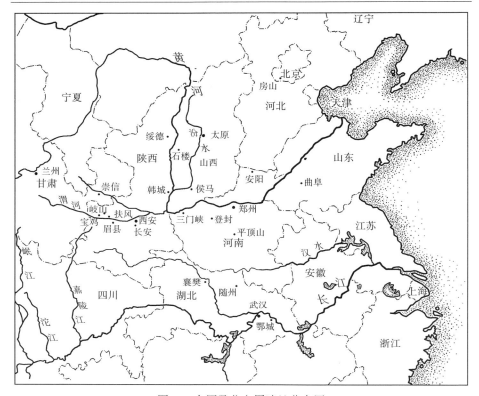

图一　中原及北方周遗址分布图

山西向东扩展。因此，这一时期，周人从邻近地区纳入诸多材料和人工制品，祭祀祖先和丧葬仪式等重要礼仪也已经形成[4]。

　　控制着黄河盆地中部的周人，总是通过结合各种仪式，尤其是把宗教与政治活动相结合做法来获得发展，并伴随着革新将其散布到各地，而这种革新通常兴起于与边地部族的交往中[5]。从商代开始，周人采用汉语作为通用语言，确立了使用范铸工艺铸造的、献祭祖先的成套礼器器形，以及共同的丧葬体系。同时，从统治之初，周人就给中原带来一种新的以"天"为最高权能神的宗教体系[6]。除了使用商人所用的两匹马驾的车，周人还引入了四匹马驾的驷车，并增加了銮铃作为装饰。驷车的马具、驾驭方式和銮铃是从大草原的邻居那里学来的[7]。这些马车立即受到中原化的周人的青睐，并有了常规的部件和装饰。马车成为周王最爱赏赐贵族的物品之一，因此，马车变得标准化，并且作为宗庙祭祀仪式的一部分开始流布[8]。为了驾驭马车，

1

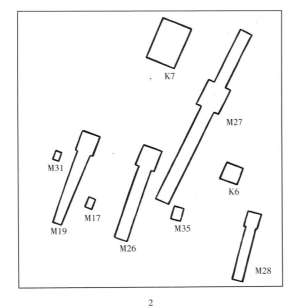

2

图二　梁带村墓葬

1. M27（选自《金玉华年——陕西韩城出土周代芮国文物珍品》第 47 页，上海书店出版社，2012 年，以下简称《金玉华年》）　2. 南部平面图（选自《梁带村芮国墓地——2007 年度发掘报告》第 6 页，图四，文物出版社，2010 年）

图三　上海梁带村展览复原的棺饰
（选自《金玉华年》第 272～273 页）

周人还必须通过征服和交换不断从边地部族那里获取马匹。

在这一问题上，占据边地与黄河盆地中部这两个广泛区域的部族对立着，他们的物质文化差异显著。"边地"通常被定义为半月形带，西起四川，经过青海、甘肃的河西走廊，穿过陕西、山西、内蒙古的部分地区，东到河北北部、内蒙古赤峰。这一广阔区域内生活着不同部族，使这里成为周贵族眼中的外部，通常充当中原与更西部地区交往的媒介。本文在提到这一地区时，经常使用"西北"一词，更多时是特指河西走廊。

笔者认为芮国是很好的例证，其丧葬体系既受到周边部族的影响，也是周人中原化的结果。墓葬资料显示芮国与黄河盆地的其他同期政权一样，继续使用共同的汉字、墓葬结构和礼器组合。前述礼器组合和棺饰，时代属于公元前 8 世纪，因而已是礼制改革之后。芮国贵族吸收的一些材料和器物类型，表明其与周边部族存在交往。本文将特别关注与贝及黄金、青铜和铁制的工具、人工制品一起使用的红玛瑙和费昂斯珠子。此外，下文所讨论的芮、晋、虢国贵族夫人墓中随葬的青铜器，包括微型器，都表现出对北方器形的有意模仿（见图一四）。事实上，对边地材料的享有和使用如此盛行，这一定是有意选择的结果，用以彰显贵族及其配偶的身份和地位。

　　奢华的视觉展示在任何社会中都代表着身份、地位和社会联系。玛丽·赫尔姆斯（Mary Helms）指出，精美的工艺品——尤其是那些攫取自远方的物品，其重要性在于赋予所有者身份和权力的象征[9]。对上述材料的讨论，本文将采用赫尔姆斯聚焦外来材料的研究方法[10]。芮国墓地，尤其是 M27、M26 和 M19 即为例证。只有周人社会中的特权阶层才能获取如此大量的珠子、贝、黄金、铁，以及上品的玉，其中很多是古物。赫尔姆斯认为远方的珍品具有象征意义："远方攫取是指把工艺品或原生品从社会以外的某地，超越某种程度的地理—空间距离运至本土，跨越文化门槛，从一个多少未知的，或异域的，或神秘的边外地区来到有序的社会核心地区，在那儿，实用性和象征性益加于商品本身。"[11]我认为，外来物品所具有的象征性尤其受到人们重视。

　　周人与非周部族不断交流，其中一些非周部族位于周政治势力之内，还有一些则位于黄河盆地中心区以外更为边缘的地带。本文将论证，如果周贵族热衷于采用新材料和新制品，甚至有意识地将其复杂化，他们也会有强烈的愿望创造出同一的使用方式。这种同一，实际上就是中原化，这种做法与《周礼》、《礼记》等著名礼书中的相关记载相呼应[12]。周人力图通过拥有共同的礼仪系统，以及数字等差居有一席之地的等级制把贵族凝聚起来。此时，这种凝聚显得更为牢固，并成为一种被汉代学者所认同并放大的传统[13]。

　　本文先介绍梁带村遗址整体情况，然后阐释礼制改革，它极大地推动了周人在核心区确立礼仪活动的秩序。在观察礼器的新类型时，我将引入套系、组合、成套的概念。礼器不应被单独分析，应视作个人所拥有的一整套物品的组合，其所标示的不应只是新的审美取向，也应包括获取青铜器以及礼仪仪式的新途径。所有这些，构成了一个新的礼仪"套系"的特征。

斯图尔特·皮戈特（Stuart Piggott）在谈到欧亚部分地区引入马车的情况时，对"套系"这一概念所言甚详[14]。马车不只是一种新型的战争机器，仅获取制成品显然不够，木工是制作和维护马车的基本技术，还需有控制和训练两匹马甚至四匹马的技巧，新的驾驭和战斗技术也需要发展。研究梁带村墓葬中遗留下的其他成组材料，笔者也将采用类似的方法，不是将其当作单件物品，而是将它们当作一整套包括多样化选择、技巧和礼仪习俗在内的成套体系来看待。成组礼器是第一套系，也是本文讨论的核心；第二套系是梁带村所见的棺饰，各种不同材料被整合在一起构成多彩的外观，显示其为葬礼中的一个系列；第三套系是男性和女性的身体装饰，包括男人和女人都佩戴的串饰，男性的金腰带和兵器，以及铜镜、车饰[15]和盔甲等所有象征男性身份和地位的物品。这些个人饰物和随葬品有多种来源，采用不同的制作工艺，承载不同的社会联系。它们也形成了一个"套系"，创造、体现着所有者的身份。

一　芮国墓地遗址

梁带村墓地是因修公路时发现。2005 和 2006 年发掘了三座主要墓葬，即芮伯墓 M27，芮伯夫人墓 M26、M19（见图二，1、2）。墓中所出众多有铭青铜器记载大子芮伯、芮公，表明他们把自己视为领地上的统治者[16]。青铜器铭文采用了周人承继自商的文字，这也是芮与周习俗有密切联系的直接证据。确实，芮伯是周王室姬姓家族的一员，他的夫人来自中国东部的姜姓家族。随后，在墓地的进一步发掘中，发现了与本文讨论尤其相关的两座大墓 M28 和 M502。M502 引人注目的是侍者木俑的发现。对于这些木俑，本文不再做更深入的讨论，尽管它们也是非周部族习俗影响下的产物，例如最近发掘的大河口霸国墓地，也发现了髹漆的木俑[17]。M27 和 M28 均有标志财富和地位的大型车马坑，这是晋国和其他周代贵族都会使用的陪葬方式。

发掘者认为墓地的使用是从北部的 M502 和一个规模略小的中型墓 M586 开始的。接下来的一组是芮伯墓 M27（主墓）及其夫人墓 M26、M19。发掘者认为 M28 要晚于 M27，但墓主也是一代芮伯（见图二，2）。M502 和 M586 属于西周晚期，其他甚至晚于周人在公元前 771 年因失败而东迁，进入东周早期。这些主要的墓葬都是土坑竖穴墓，一椁两棺。最大的墓 M502 和 M27 有两个墓道，但是 M28 只有一个。同样地，两个夫人墓 M26 和 M19 也只有一个墓道。如果 M28 确实是芮伯墓，作为身份象征的墓道数量，似未一贯沿用。作为本文讨论核心的随葬青铜礼器的数量，甚至棺饰的类型上，M27 和 M28 也不相同，这也将成为我们讨论的一项证据[18]。

芮国墓地中重要贵族及其夫人墓葬的精细发掘，使我们获得了很多关于易腐材料的详细信息，诸如悬挂的织物、珠子和贝串成的小挂饰等。2012 年 6 月至 8 月，上海博物馆展出了这些棺部装饰的复原场景（见图三）。重要墓葬中的棺饰、敛服和青铜礼器，与著名的诸侯国晋、虢、应、鲁等的墓葬特征相符，表明芮想要或已经完全地融入周人的礼制中。

上述政权中的贵族都使用了相似的竖穴墓（见图二，1），一部分带有墓道。这种丧葬习俗也见于那些统治者是非周族姓的政权，因此，他们可能是有亲缘关系的外族。陕西宝鸡的强国、山西绛县横水的倗国，都像在大河口的霸国一样，尤其切合本文的讨论。由北赵晋侯墓地以及略早的天马—曲村墓地得知，晋国可能与外族有密切的联系。我们并不清楚这些分散的政权是如何了解周人的礼仪活动的，然而，诸侯必须朝觐周天子。会面时，双方往往有大量的随行人员，这可能是礼仪和丧葬习俗得以传布的途径之一[19]。此外，正如李峰（Li Feng）所指出的，周王派遣"监"去诸侯国，以确保他们的忠诚[20]；陈昭容和夏玉婷（Maria Khayutina）也阐述了金文中记载的联姻范围。这些途径把周人治下的不同区域的贵族成员联系到一起。联姻的例子中，周人和非周部族间经常通婚，这也许是周人借鉴和发展外族习俗的途径之一[21]。

二　礼制改革

芮及其先祖与同时代的周贵族最显著的特征，是随葬大量的成套礼器（图四）。这些礼器放置在精美绝伦的悬饰旁（见图三），单调而乏味，其年代都在大变革——即通常所说的礼仪革命或礼仪改革之后[22]。同时，早期礼器的仿制品随葬在主礼器组合旁，透露出那些已不再流行的礼仪活动以及先辈的信息。其他的微型青铜器如鼎、带轮的方盒，作为与外部联系的标志，也被埋葬进去，其在礼仪活动中的作用不得而知。

图四　梁带村 M27 列鼎及簋（公元前 8 世纪）

（选自《金玉华年》第 80、81、84、85 页）

礼制改革，在 20 世纪 80 年代得到研究者们的确认[23]，罗泰（Lothar von Falkenhausen）的研究也高度认同这一点[24]。礼制改革也是三个"套系"中首先需要我们注意的问题。礼制改革在同时代的铜器铭文和传世文献中都没有提及，一些历史学家对其是否存在及其意义表示怀疑[25]。在公元前 9 世纪这一社会、政治多变时期，周统治的广大区域内，对于标准礼器非常相似的组合使用表现出高度的一致性，无疑有助于把周人凝聚成一体。本文将不再审视这一层面，而是集中讨论物质文化上体现出来的周人与外族之间的文化互动，尤其是在芮国的体现。

礼器组合的变化，以及共出的仿制器和微型器可以反映三个方面的问题：第一，礼器组合及仪式存在非常显著的标准化；第二，这种变化中的自主意识通过对古老器形的不断仿制得以体现，仿制器的尺寸通常很小；第三，造成礼器变化和微型器出现的外部原因来自于北方与西北地区。

郭宝钧是 20 世纪较早地认识到礼器器形和纹饰变化的学者之一[26]。然而，他并没有探究产生这种变化的内涵，也没有指出新的器形意味着器物、仪式、信仰的新"套系"的出现。在青铜器作坊中，铸造全新的礼器组合需要用新的设计体系，并且对于仪式中需要的食物和饮品，也要用新的方式来准备和献祭。

通过比较可以快速确定变化的范围。例如，把北京房山琉璃河西周早期墓 M253 所出青铜器（图五），与早于芮国墓地 M27 几十年的属于公元前 8 世纪的三门峡虢国墓地 M2001 所出青铜器（图六）做比较。西周早期的礼器组合中，鼎和簋很突出，尤其是 M203 中所出的一件大鼎（图五，上排左）更为醒目。与之相配的三件酒礼器组合——1 尊、2 卣，有着共同的异常精美的纹饰，另外还包括 4 件觯。此外，礼器大小、形制、纹饰的不同都表明这些器物可能有不同的来源，是在不同的时间集合在一起的。

三门峡礼器组合最显著的特征在于其相同的器形和纹饰。琉璃河所出的不太相配的鼎和簋在三门峡被整套的、相配的奇数鼎和偶数簋所取代。鼎大小递减而簋尺寸不变。其他盛装食物的容器如簠、盨已经加入组合。典型器形的重复，以及有限的、简单的纹饰带使铸造更为容易，也使得观察人员能够一瞥之下就了解一个人所拥有的特定器物的数量。三门峡的组合中，所有早期的酒器器形都不见了。取而代之的具有代表性的器物是一种大型的横截面为方形或长方形的壶，这种壶是由房山琉璃河下腹有弦纹的瘦高壶发展而来的。三门峡 M2001 和芮伯墓地 M27 所出的礼器组合中都包含有编钟，编钟首先发现于属周人势力边缘的宝鸡强国墓地[27]。事实上，编钟在西周早期便传到强国，可能是由南方沿长江支流传入的。公元前 10 世纪晚期或前 9 世纪早期，编钟成为一种时尚，并且随着礼器的变化而更加常规地使用。由此看来，编钟是中原贵族从周边地区接受青铜器最早的、最突出的例证。

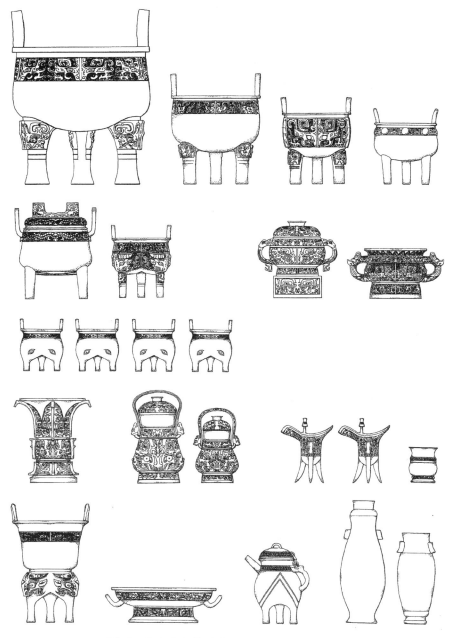

图五　北京房山燕国墓地 M253 青铜礼器组合

［西周早期，公元前 10 世纪。约翰·罗森（John Rawson）绘制］

（参考北京市文物研究所：《琉璃河西周燕国墓地》第 101～200 页，文物出版社，1995 年）

体现在器形、数量以及增加大型编钟等几个方面的变化，其意义如下：首先，三门峡墓地的礼器组合对于青铜器数量的需求高于琉璃河组合；其次，至少像鼎、簋、编钟这样的亚群必须是同时委托铸造的，这与以往把不同年代、不同来源的器物摆放在一起的做法不同[28]。更值得注意的是，每个高级贵族都用一整套青铜器随葬，他们的继承者就必须费更多材料制造出新的青铜礼器组合。重复的器形和编钟都采用简单的纹饰来装饰表面，这样的选择可能影响着铸造过程的很多方面，甚至催生了一种新的使用纹饰模的装饰技术。在接下来的世纪里，这种技术广为人知。

仪式典礼也相应地发生变化。由于使用了新的器物组合，仪式所需要的食物、饮品同以前相比，数量也随之发生变化。此外，后续的准备、侍奉和献祭等礼仪也得以随之改变。随着编钟的使用，典礼中要演奏的音乐也发生显著变化。我们不应该把这种礼器的变化和编钟的使用看成是自然的、渐进的、革新的一部分。当然，就像我们在下文将讨论的那样，在至少半个世纪的时间内，器形和纹饰的一些变化零星地显现。然而，在某一时刻，新形式全面取代了旧有形式。新旧器形的混合型并没有延续下去。如果早先的礼仪体系得以延续，一些新的器形就会陈设在旧的旁边，没必要彻底改变。久而久之，随着时尚的变迁，最突出的表现也许是新式器增多，旧式器减少，但是这种情况并未在公元前9世纪晚期出现。大约在厉王时（公元前857/853～前842/828年），贵族或祭祀专家们主导了一场全面的、深思熟虑的变革，影响了所有周政权统治区，甚至远至山东。直至下个世纪，各政权的施行者——我们曾检视其棺饰——接受了这种标准组合，使其在公元前7世纪甚至更晚居于主导地位[29]。正是出于这一原因，我认为，某种程度上公元前9世纪的决议影响了这一转变。过去我称之为革命，但是在本文中，我同意罗泰的提法，称之为"礼制改革"。

像我们一样，新组合的主人认识到了这种器形方面的变化。在三门峡，全无实际功用的早期器形的微型仿制器与主礼器组合一起随葬[30]（见图六）。这一做法在公元前9世纪和前8世纪十分普遍，类似的例子也见于北赵晋侯墓地、平顶山应国墓地[31]。另一方面，M27的芮伯拥有的古风器物中足尺寸的仿制器并不多，只有1卣、1尊、1角[32]。有锯齿形羽毛的鸟纹卣的仿制器很少见，是西周早期酒器珍品中令人惊叹的再创造（图七）[33]。这件卣的尺寸和原件的品质对于其所有者来说都是独一无二的。这些青铜

图六　虢国墓地 M2001 出土足尺寸青铜礼器（左）
[东周早期，公元前 8 世纪。
同墓所出编钟（中），约翰·罗森绘制。参考河南省文物考古研究所、三门

及一组古器的微型仿制品（右）
安·斯里特（Ann Searight）绘制]
峡市文物工作队编:《三门峡虢国墓地》第 33～78 页，文物出版社，1999 年

器表明 M27 的主人，或他的家族，有着
比同代人更为娴熟的技巧，或更大的权
力去获取更有价值、更古老的物品。

　　所有这些仿制器都说明当时的贵族
不仅意识到显著变化已经发生，他们也
期望保留对以往仪式或是久已逝去的家
族成员的记忆。以往青铜器的微型仿制
器陈设于当代的礼器组合旁，事实上这
种做法与宗庙中的有关安排相同，因为
这种组合在窖藏中也有发现。在著名的
庄白窖藏中，礼制变革后的组合与一些
礼制变革前的器物置于一处，这些足尺
寸的礼器上有属于同一家族的先辈名
号。窖藏中礼制变革后的主要组合属于
微伯兴[34]。8 个相配的方座簋与窖藏中
的其他礼器、编钟来自同一组。属于同
组的最珍贵的 9 鼎，大概在公元前 771

图七　梁带村 M27 出土西周早期
　青铜卣的仿制器（公元前 9 ~
　　前 8 世纪，高 25.4 厘米）
（选自孙秉君、蔡庆良：《芮国金玉选
粹——陕西韩城春秋宝藏》第 98 页，
三秦出版社，2007 年）

年东迁时被家族带走了。此外，通过铭文可以确认属于四五个上代成员的
器物被精选出来，而不是整套地与兴器埋在一起。很多器物上有精美的铭
文，很显然被当作传家宝妥善地保存着。然而，对这些器物的珍视也生动
地说明微伯兴一代已经认识到礼器组合完全变化这一事实。

　　芮、虢及其他诸侯墓与庄白窖藏一样，重复着这一结合，即把精选出
的先辈礼器置于完全是当代的礼器组合旁，或许很多家族都遵循这一做法。
此外，芮国、虢国墓地的年代属于大动荡时期以及周王室东迁之后，很多
珍贵的家族器物已经丢失，因此家族仍珍藏的先辈礼器就显得异常珍贵，
不能随葬在墓里，只能使用仿制器替代。

　　正如我们可以直接比较墓葬与重要窖藏所出青铜器的不同器形，我们
也可以通过确定窖藏青铜器的时代来确定礼制改革的时间。李学勤把微伯
兴所做器的最晚时间定为公元前 9 世纪的早至中期[35]。罗泰怀疑这一点，
认为微氏家族一些较晚世代的青铜器并没有在窖藏中体现出来，因此不能

据之对家族的世系编年。他认为兴器比李学勤所说的年代要晚[36]。兴器是礼制变革的产物，罗泰认为主要的变革发生在公元前 9 世纪中期，即厉王之初。李峰质疑这一观点。他认为变革的先驱，例如编钟，无疑出现于公元前 9 世纪之初或更早，因此完全的变革似乎应发生于公元前 9 世纪初期或中期。

最初，礼器组合上的很多变革都是零星出现的，并且出现在意料之外的地点。与乐器并行的鼎簋组合的最早例证，来自周政权的西部边缘地区——宝鸡的弜国（图八）。在属于西周中期早段的一位弜伯墓旁边，埋葬着他的夫人，其墓中发现了简化的礼器[37]。弜政权不见于文献记载，其墓地出土有很多特殊的器物，我们会在下文中讨论到，很可能这种配套的鼎簋组合是地方特色，或许借鉴于使用的陶器。例如天马—曲村晋侯早期墓地的中型墓中，基本没有青铜器，重复的器形——如鬲和豆，相当普遍（图九）。

图八　陕西宝鸡竹园沟 M1 鼎簋组合（西周中期，公元前 10 ~ 前 9 世纪）
（陈列于宝鸡青铜器博物馆，作者拍摄）

图九　天马—曲村 M6049 所出陶礼器组合（西周中期，公元前 10 ~ 前 9 世纪）
及几件鬲、豆和大口尊、三足瓮

［选自邹衡：《天马—曲村（1980 ~ 1989）》第 561 页，科学出版社，2000 年］

M6049和M5080都出有几件鬲和豆，反映了西周中期一些重复器形的价值所在[38]。盆（图九，右3）也成为礼器组合的一部分。芮国墓地有很多这样的例证。

公元前10世纪晚期或9世纪初期的大量墓葬，如天马—曲村的M6049，都出土有三足瓮（图九，右2），以及大口尊（图九，右7）。通常认为这两种陶器流行于周疆域以外的部族，我们将在下文最后部分予以讨论。其器形也偶尔会被青铜器模仿（图一〇，1、3），再次表明陶器曾被当作一些青铜器形制的范本，尽管这种方法并未使用很久。尽管三足瓮没有成为标准礼器，仍然有一些微型青铜器仿铸的例子，表明与大量其他器形一样，它也被当作一种异域物品，置于主流礼器组合之外（图一一）[39]。

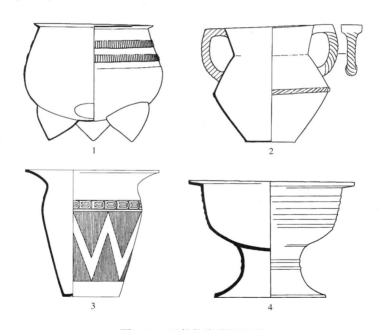

图一〇　四件仿陶青铜礼器

1. 三足瓮（高10.5厘米）　2. 双耳罐（高14.4厘米）　3. 大口罐（高31厘米）

4. 圈足簋（高14厘米）

1、2. 西周早期第二段，公元前10世纪晚期，山西天马—曲村北赵墓地M113出土（《文物》2001年第8期第15页，图5；第21页，图3、4）

3、4. 西周晚期，公元前9世纪中期到晚期，陕西扶风武津西村出土（《文物》2007年第8期图23：1，图22：2）

发现新型青铜器的非周诸侯墓中，强国墓是其中之一。绛县横水的倗国墓地[40]、大河口的霸国墓地也显露出同样的趋势[41]。这两处墓地时代为西周早期至中期，都出土有编钟。此外，两者都有仿自陶器的带盖簋，装饰着瓦纹，这是在礼制变革后广泛使用的形制，而大河口墓地 M1017 的例子比倗国墓地 M1（图一二）所出的器物更接近陶器原型[42]。

图一一　梁带村 M20 出土微型青铜三足瓮（公元前 8 世纪）

（《金玉华年》第 6 器）

　　　　1　　　　　　　　　　　　2

图一二　两件仿陶青铜簋（公元前 10～前 9 世纪初，饰瓦纹）

1. 大河口 M1017 出土（《2010 中国重要考古发现》第 69 页，文物出版社，2011 年）

2. 横水 M2 彭伯墓出土（高 18.3 厘米，《文物》2006 年第 8 期第 31 页）

　　M1 是 M2 倗伯的夫人墓，其特殊之处在于这一单个遗存中出土了最大一组陶三足瓮[43]。倗伯是外族，但其夫人是姬姓，来自周王室，她墓中随葬大量三足瓮，并不像我们有时候所认为的那样，是用以纪念她的先祖。陶器或反映了倗贵族的源起，更有可能是对属于某一特定外族的器形的有意使用[44]。另一不同寻常之处在于，这一女性墓中出土有一套通常仅限于男性墓的编钟。这些特征表明兴起的礼制变革的发展步伐明显加快。

　　人们尝试铸造各种不同形制的青铜器，其经验来自于皮质、木材等有机材料制作的容器，例如在 M26 中所见的盘形盉。它效仿从小树干上截取一小段，或是刮削弯曲的木头，再覆以人皮或皮革做成的容器。盖子上踞伏的虎可以与大草原流行的动物母题相比较。正如很多其他特殊器物一样，盘形盉通常见于女性墓。

三足瓮的微型仿制器（见图一一）和盘形盉（图一三），可与公元前 9 世纪到前 8 世纪流行的微型青铜器构成一组。正如前所提及的，微型仿制器可用于回忆另一时期或另一地方的物品。M26 的墓主人所拥有的这组微型器明显借鉴于周边部族（图一四）。这些器物没有任何一种成为礼器组合中的标准器。一件小方鼎似乎可以唤回对商和西周早期器物的记忆，但是小的踞坐人形足并不典型。两件有柱足的杯形器，是流行于甘肃南部、陕西西部寺洼文化的盆或簋的微型版，这种形制的器物在周遗址中通常是陶器。足尺寸版也用于铸造青铜器（见图一〇，4）。

图一三　梁带村 M26 出土盘形青铜盉，器形组合了一部分树干形（公元前 8 世纪）
（高 20.8 厘米。《芮国金玉》第 88 器）

在梁带村 M26 出土的微型器中（见图一四），我们能看到上述簋融入到镂的发展中，之后流行于大草原。一种小带盖杯也与这种容器有关，环柄杯看上去如同是一件锤打而成的容器的仿制品，不见于任何普通的周礼器类型。更引人注目的是长方形透雕饰件，四只紧抓轮子的虎以背支撑，虎爪间可能饰有一个木盒。这与北赵 M63（夫人墓）所出小的长方形容器——一件带轮的长方形盒子，以及一件特殊的圆筒形容器置于一个长方形盒子上，下面由有明显外族发型的小人支撑——有密切关系。类似器物在山西相同地区的闻喜晋墓也有发现，通常见于女性墓中。

一些本来在"外族"流行的器形和乐器，通过这种方式被带入中原周人的礼仪体系中。其他的则作为某种偏好的提示而得以保留，确切地说，这种偏好可能应归功于周贵族的邻邦。然而，礼制变化的这些层面总体上被忽视。依据鼎簋数量标识周贵族的尊卑等级被过分强调。对于周天子、诸侯使用鼎簋大致数量的不同看法，依据的不是考古资料，而是出于对成

图一四　梁带村 M26 出土一组微型青铜器（公元前 8 世纪）
（方鼎高 10.4 厘米。《金玉华年》封面）

书年代较晚的传世文献的不同解释。一些研究者甚至根据并不同形的鼎簋的数量（例如图五中琉璃河所出器）讨论西周早期贵族等级制，其实这些器物是公元前 9 世纪礼仪实践的源起，也构成了晚得多的礼书所描述的基础。这些讨论没有考虑到诸如酒器的衰落，或是乐器的增加等方面的特点[45]。

　　我们首先讨论了礼器器形的上述变化，正如礼制变革可以通过考古资料很清楚地得到确证，并排出时间序列。因此，它成为周人多变的丧葬文化中的一个里程碑。此外，礼器组合标准化过程中，融合了一部分周边非周部族的特征，同时也摒弃了另外一部分，这可能是出于对异域材料和物品的独特反应，这种现象不仅出现在古代中国，也出现在其他地方，在下一节的讨论中我们还会述及。

三　棺饰

　　上海梁带村展览上一件复原的棺部装饰（见图三），揭示了同一时期礼制专家对于规则和秩序的重视。真正的发掘当然与复原的创作差别很大。木制品和织物基本朽烂，需一步步地提取，石器和青铜制品显然更易于吸引注意力。此外，复原件并没有，也不可能再现原件的所有细节。

　　棺饰的构成有四个主要部分：一组复杂的青铜小鱼（图一五）、青铜小铃、贝或石仿贝、红玛瑙珠、费昂斯或陶珠（图一六）；椁室里的内棺上有放置装饰品的木架（图一七）；一件或多件织物包裹在内棺周围，可能也包括上面（图一八）；一组青铜器妥善安置于棺顶部的两端（图一九）。复原件里没有见到鱼（见图

图一五　两件青铜鱼
（公元前 8 ~ 前 7 世纪）
（长 8.5 厘米。不列颠博物馆，作者拍摄）

三）。从芮国墓地 M28 的平面图中可以看出，放置青铜鱼、石贝、珠子组合的部位塌陷了，我们因此能够想象到考古学家是如何忽略了这一原本应该存在的安排的。椁室内底部的周围是鱼、石贝、珠子的组合，更有一些串成两串经过两内棺之上（图二〇，1）。在上海展中，只有棺周围长方形挂饰的部分复原了。同一内棺的照片显示有两道塌落的鱼、珠子、贝串在一起穿过（图二〇，2）。两串之间是原本应该放在木柱上的青铜立柱，现在平置着，立柱的使用在这一丧葬体系中很典型。芮国墓地的几个墓葬中都能找到很多这种小物件的组合，以及原本悬挂成串的不同排列。各种珠子——

图一六　梁带村 M28 出土青铜鱼和石仿贝的复原摆放
（《梁带村芮国墓地》彩图 109：2）

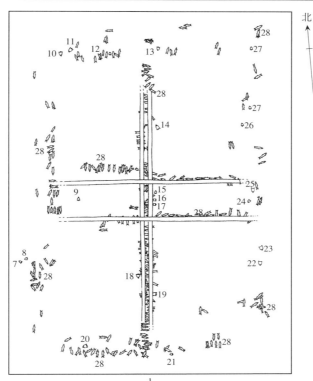

北

1

2

图一七　三门峡虢国墓

1. 虢国墓 M2011 平面图（《三门峡虢国墓地》第 319 页，图 217，文物出版社，1999 年）

2. 虢国墓地一座墓中发现的红玛瑙珠和贝（《三门峡虢国墓地》下册第 45 页，图 2）

图一八　横水倗国墓地 M1 出土的织物痕迹

（《文物》2006 年第 8 期卷首插页）

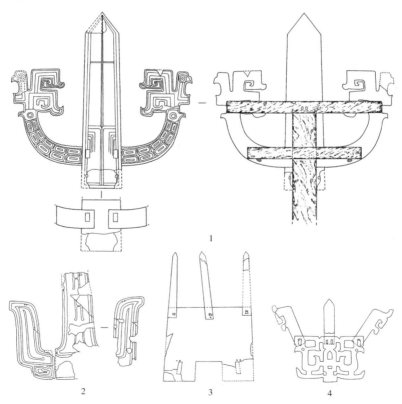

图一九　梁带村所出青铜立柱

1. M502　2. M586　3. M28　4. M18

（《梁带村芮国墓地》第 32 页，图 30；第 70 页，图 87；第 146 页，图 150；第 190 页，图 193）

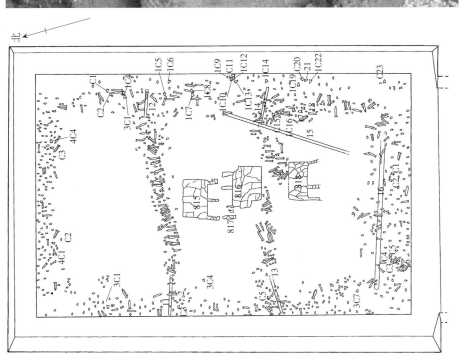

2

1

图二〇　梁带村 M28

1. 平面图：鱼，贝和珠子沿椁室内缘散落，成两串且好穿过中部。两串之间是两件青铜立柱，还有一件发现于下面那串的南边（《梁带村芮国墓地》第 103 页图 104）　2. M28 外棺位置照片，大青铜环形饰显示了其位置。鱼，石贝，珠子串成两串从中间穿过，它们之间及一边一边可见青铜立柱（《梁带村芮国墓地》彩图 109：1）

很显然最珍贵的是红玛瑙珠子——仅发现于最豪华的墓中。陶珠或费昂斯珠也有使用。与小型墓相比，高等级的大型墓随葬有更多的珠子、贝和鱼[46]。

悬挂这些鱼、贝和珠子的架子在 M28 中有部分遗存（见图二〇），更为完整的一例发现于河南三门峡虢国墓地一个太子墓 M2011 中。在这个架子上有四条直木棍的痕迹和鱼的数量相符。带有铃舌的小铃似乎一向作为按某种次序悬挂的饰品，通常悬挂在椁室的四隅。一些铃上有狭长的口子，黄翠梅认为这种特征来自于周边部族[47]。在关于墓地最初的报告中，发掘者认为棺饰似乎至少有三种形式：最为丰富的是 M27，绕着椁室的四条边组成个长方形，还有三串穿过内棺；M28（见图二〇）、M19，以及另外一座大型单墓道的 M502，有着简单得多的版本，仅两串从内棺上穿过；M586 则只有一串。这一结果与墓的大小相符：M27 最大，有两条墓道；M28 和 M19 其次，各有一条墓道；M586 更小，没有墓道。发掘者重点强调墓葬结构与棺饰这种相应的变化。

发掘者和其他研究者认为，鱼和珠子串组的数量，同墓葬大小和墓道数量之间存在等级关系，并试图将之与《礼记》中的记载相关联。在成书较晚的《礼记》中记载有葬具"池"，其特征也因墓主人的等级差异而数量有别。然而，使用鱼、贝和珠子作为棺饰的做法，在编写《礼记》的汉代已失传很久，尽管这种关联可能很有吸引力，但是过度依赖它并不明智[48]。

大幅的彩色织物可能在木架及其悬挂物之下，包裹在椁室周围，已经发掘出来的几件样品显示绘制有精美的红色纹饰。保存最好的样品发现于山西绛县横水倗国墓地（见图一八）。很可能有其他织物置于内棺之上，但是目前为止并没有任何发现。在内棺的顶部，可能作为整个装饰结构的一部分，是置于木柱上扁平的青铜立柱。这种立柱大多有三个直立的突起，往往饰有鸟或鸟首（见图一九）。青铜器通常很薄，可能是锻造而非铸造的，表明这是西周晚期出现的新时尚，其出现仰赖于下文将会提到的一项新技术，并与这些墓葬中所出青铜盔甲有关[49]。青铜立柱在之前的发现中因没有得到正确认识而被拆成了很多小件。

有时发掘者也认为，就像串在一起的青铜鱼、贝和珠子一样，立柱的使用也根据墓主人的等级而有差别。但 M27 的芮伯有 6 根，身份相同的 M28 却递减为 4 根。甚至没有墓道的一些中型墓也有 4 根。因此，在这些例子中，等级差异并不明晰，而且，立柱的形制呈现出相当大的差别。尽管大体上以长方形最常见，但是有些立柱形制简单，只有三个矛形或玉权杖形突起。另外一些——诸如 M502 出土者——仅有一个尖的直柱（形状也似玉权杖），有两个弯曲的突起，顶部装饰着鸟，而 M18 所出立柱是镂空的鸟纹，空处甚至可能填充了其他材料。

　　发掘者和研究者还试图把悬挂的织物和青铜立柱与《礼记》和《周礼》中的描述相关联。织物被定名为"荒帷"[50]，而青铜立柱则被看作是"翣"[51]。在考古报告中，这类物品常做如此描述。然而，如上所述，这些文献的成书时间比墓葬要晚得多，把它们与考古资料联系起来的做法要谨慎进行[52]。

　　要理解这些棺饰是否被广泛地应用，我们可以追寻其使用模式，考察南部从芮国到今天山西省侯马附近的晋腹地地区。侯马天马—曲村附近的北赵和羊舌晋侯墓地有着广泛的、戏剧性的表现[53]。此类丧葬习俗在与天马—曲村毗邻的低级贵族墓中也有发现，其时代大体上略早[54]。晋腹地周围的其他一些小政权，也显露出类似的习俗[55]。北赵墓地的总体时间是公元前 10 ~ 前 9 世纪（图二一）。然而，重要的墓葬属于西周晚期和东周早期，即公元前 9 世纪晚期和前 8 世纪。

　　重要的晋侯墓只是在《文物》上的简报中有描述。因此，所能提供的椁室装饰信息很有限。墓葬通常是成对的，一为晋侯墓，另一为晋侯夫人墓[56]。每一对都有附属的车马坑[57]。青铜鱼发现于下列成组墓中：M1 和 M2，M8 和 M31，M92（M91 和 M92 中的夫人墓），M62（M64 的两座夫人墓中的一座，另外一座是 M63），M93 和 M102。大体上，从报告中提供的平面图或记录中只能得到这些信息，完整的发掘报告还没有发表。北赵晋侯墓地有大量精美的玉和珠子的敛服，与芮的发现类似；极可能他们也有大量的珠子和贝做棺饰。大河口西周早期霸国墓、横水倗国墓重要墓葬也有大量的珠、贝做装饰，但是这些资料尚未完全发表。

　　遗憾的是因为遗址大多被盗掘，渭河流域周核心地区的资料相对较少。张家坡（长安）西周中期墓 M152 椁室中有使用贝壳摆放成长方形的痕迹。M170 中有一些玉鱼[58]。周原发现了玉仿贝和玉、红玛瑙装饰，很可能同样的丧葬模式也在那里使用，但是目前尚未完全重新建构[59]。

　　如果我们把目光转移到东南，最有趣的材料发现于河南省黄河以南三

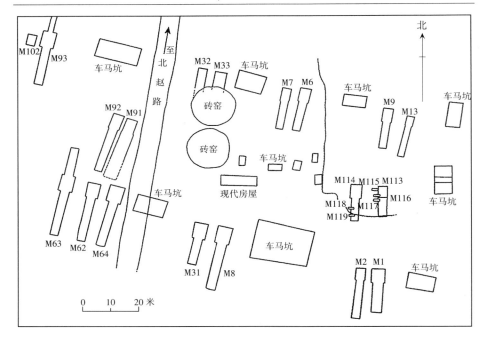

图二一　山西天马—曲村北赵晋侯墓地平面图

［李峰（Li Feng）采自《文物》2001 年第 8 期第 4 页，图 1，见其 *Landscape and Power in Early China*（Cambridge：Cambridge University Press，2006）p84：fig. 16］

门峡上村岭虢国墓地。许多虢贵族都是周的创建者——文王弟弟的后裔，享有很高的地位。尽管其地位显赫，却与传统上的高级贵族墓不同，已发现的重要墓葬都没有通常认为是必备的墓道。前文已经提到的虢国太子墓 M2011，提供了最为完备的关于鱼、贝和珠子的棺饰资料（见图一七）。墓地中很多墓葬也能见到青铜鱼，有的有贝，有的没有[60]。这些墓葬似乎都属于公元前 8 世纪。

与芮国、晋国墓地所见棺饰的安排更为接近的例子，见于河南平顶山北滍村的应侯墓地、登封告成郑国墓地，以及曲阜鲁国墓地，这些墓葬的时代都属于公元前 8 世纪或公元前 7 世纪初期[61]。在平顶山 1 号墓，围绕内棺的鱼比目前所讨论的案例都更紧凑。告成郑国墓地 M2 也有紧密排列的鱼、铃、贝，可能还有珠子。鲁国墓地的鱼置于椁室内更靠近室壁处。平面图上都没有标明是否有鱼和珠子串在一起穿过内棺上部。在一座应国墓的平面图上看到青铜立柱。这些墓葬总体上属于公元前 771 年周人东迁之后。

这些有着共同礼仪和丧葬习俗的地理区域，自渭河谷地沿黄河东南远至河南平顶山，往东远至曲阜。芮国似乎是采用这些习俗的最北地区，因为其墓葬晚于北赵最早者，也许应该视之为晋文化圈影响的延伸。

棺饰具有不同特征，其来源也各不相同。关于珠子来源的一些细节将在本文最后一部分讨论。锻造的青铜立柱可能与周边部族有某种联系。鱼很有趣，但是其使用目的和来源难以断定。玉鱼在商、周有很长的历史，青铜鱼赫然出现在边境半月形地带上或靠近半月形带的弶国和燕国墓地，表明其或在半月带内，或可能与北部和西部地区存在联系，对其进一步研究可能会卓有成绩[62]。

棺饰的创造甚至比礼器的变革更复杂，需要集合很多材料，应用不同的技巧。不同的组成因素一定有不同的来源，将它们组合使用需要对丧葬的必要礼仪有一个清晰的、共同的理解。上述诸侯国的贵族都利用同样多元化的材料，以及同样特定的安排，表明要么存在着一个公行的体系，要么他们互相借鉴，而不是各自发明自己的版本。很显然，后者的可能性更大。棺饰与青铜礼器一起，作为一个独立的体系通用于广大地区。其相对的稳定性以及广泛的传布，都非常引人注目。

四　身体装饰与个人物品

观察墓主人的敛服和个人物品，我们需要面对的是不同的器组或组合，其选择并非更多地受到葬俗和传统的影响，而是为了展示个人身份和地位。过去，当然也包括现在，个人的身份和地位被界定于特定时间内特定社会的需求。

芮国墓地中，芮伯及其夫人的身份因为各自使用两组明显不同来源、有不同影响的工艺品而被标识出来：芮伯墓 M27 中重要的是金器、武器、盔甲；夫人墓 M26 和 M19 中居于主导的是珠子饰品。

上海展中复原的 M27 芮伯墓的金腰带和其他饰品的置放（图二二）突出了丰富材料在身体上的展示，以及因为这些饰品所具有的隐秘的个人特征。饰品中有相当部分是黄金制成的泡饰。这种泡饰很早就在边地部族流行，青铜泡在商和周控制地区的北部边界尤其流行，然后扩展至南方和西部，如四川。除了金器，芮伯还戴着一组长的由红玛瑙珠串起的七玉璜串饰。

在公元前 8 世纪的男性服饰中，此类精心装饰的腰带极为显眼（见图二二）。在周贵族中，这样的东西还是新鲜事物。腰带也许早就存在，但并

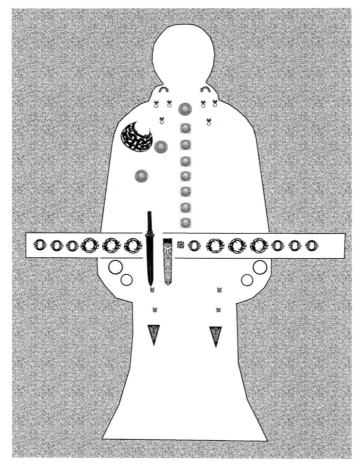

图二二　梁带村 M27 所出金饰和腰带位置简图（公元前 8 世纪）

［约翰·罗森（John Rawson）以上海博物馆 2012 年 8 月展览复原草图为基础绘制。单件饰品依《芮国金玉》第 57、59～72 器绘制］

没有使用任何特别的方式去装饰，从而使其突显出来。经常迁徙的游牧部族非常珍视腰带，因为需要用它悬挂兵器和其他基本物品，如铃首刀就是根据这种想法设计的。公元前 8 世纪，周核心地区出现了用青铜和黄金装饰的腰带，然后，这种由高级贵族引入的带有装饰的腰带成为外来风尚。出有鱼、贝和有玉、红玛瑙项链或串饰的其他墓葬的墓主人，例如梁带村 M28 的芮伯、虢国墓 M1715 的主人、曲阜鲁国墓地的成员，都有着完全相同类型的龙纹腰带，有的还有三角形镂空装饰[63]。换言之，同青铜礼器和棺饰一样，腰带也变得标准化。

腰带上可能悬挂的兵器中，偶尔有短剑或刀，这是北方和西部风尚传入的另一个标志。M27 中的透雕金剑鞘是来自甘肃、宝鸡強国墓地、房山燕国墓地所出青铜剑鞘的衍生物，再次证明这是边地传入的风尚[64]。剑鞘中的玉质剑，使用的是中原材料，却是边地形制。

属于芮侯的所有金制品都与战争有关，除了剑鞘，还包括弓形器[65]。公元前 8 世纪之前，黄金还没有在渭河和黄河流域广泛使用。事实上，在早期墓葬如西北岗商墓中出土过同类金器，表明其与边地部族的联系[66]。此外，霸国墓地的黄金制品模仿玉器，反映了从外族引入的异域材料具有重要地位。大约梁带村墓地建造的同时，大量仿制于锻造甲片的黄金制品被埋进了甘肃礼县大堡子山秦墓中[67]。这一地区也位于半月形地带内，秦直接获益于他们与这一地区边境部族的交往。大堡子山对盔甲的奢华复制，正好验证了甘肃南部对于黄金的欣赏，这种展示的偏好可能从那里传到了芮国。

靠近周政权的腹地，这种属于奢侈品的闪亮珍稀金属的分布并不均匀。北赵墓地 M8、虢国墓地 M2001 的墓主人只有有限的几组金带饰——比芮侯的少得多，尽管他们的身份甚至更高[68]。黄金可能象征着权力和地位，那些拥有最高权力并占据优越地理位置的人往往获得最好的材料。

另一种来自黄河流域腹地之外的珍稀材料是铁，它在高加索和新疆早已经使用（图二三）[69]。芮伯和虢伯拥有的铁刃器，不仅是有效的兵器，也是身份的象征，正如玛丽·赫尔姆斯指出的，象征着与远方联系的特权。

M27 所出动物首装饰的钺（图二四，2）是另一种标识，表明人们非常看重与远方的联系。这种兵器在中原诸国并不常见，但在西北地区却出现较早，更确切地说是见于甘肃白草坡西周早期墓（图二四，1）[70]，因此这件钺或许也是一件仿制品。梁带村 M502 还出土有一件时代更晚些的仿品（图二四，3）。另外一件同样形制的钺出土于湖北叶家山[71]。梁带村芮伯把这件仿制的钺视作珍宝，表明其有意强调与边地的联系。

在一些同期的墓葬中，铜镜是另一种源自于西北的物品[72]。在公元前 8 世纪上村岭虢国墓地中，发现有铜镜和双龙环形带饰组[73]。铜镜有几次进入中国，最开始是在商代，得自于西北。李江（Li Jaang）指出，商镜很显然是从河西走廊和甘肃发展而来的，其来源则在中亚更往西的地区[74]。本文认为，

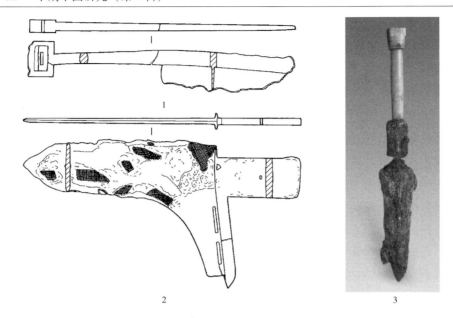

图二三　铁刃兵器（公元前 8 世纪）

1、2. 梁带村 M27 出土的刀和戈（《考古与文物》2007 年第 6 期，图 19）　3. 虢国墓地 M2001 出土

铁刃玉柄短剑（《三门峡虢国墓》彩图 11：1）

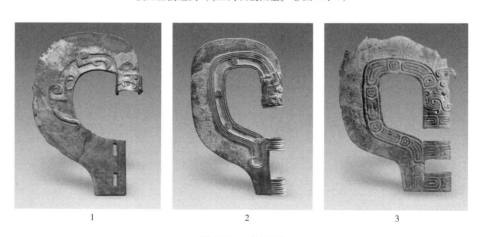

图二四　青铜钺

1. 灵台白草坡出土（时间最早，公元前 11～10 世纪，甘肃省博物馆，作者拍摄）

2、3. 梁带村 M27、M502 出土（时代略晚的仿制器，《金玉华年》第 46、8 器）

在已经提及的众多例证中，边地半月形带作为一个中间地区，源自西方的
材料在传入中原之前先在这里得到推广。大约公元前 1200 年，铜镜出现于

妇好墓中，再次出现于中原则是公元前 8 世纪，中间存在几个世纪的空白，表明与边地的交流以及材料、思想和技术的采用，不只发生一次，而是很多次，在不同阶段取决于对不同材料的关注度。

除了编钟、兵器和铜镜，男性墓的标志还包括从商晚期和西周早期就受到青睐的战车，以及见于梁带村 M27 的盔甲（图二五）。同立柱（见图一九）一样，盔甲也是锻造的，这并非中原地区技术，而常见于边地（见图二五）。青铜器锻造技术从大草原传入，最早见于甘肃崇信，该地出土的几件泡饰采用了这种技术[75]。盔甲既是身份的象征，也是战斗时的必备品，大草原的邻居可能早已拥有了至少用皮子或骨制成的盔甲。M27 的芮侯热衷于使用能清楚表明其与周边部族联系的材料和工艺来显示其身份和地位。

1　　　　　　　　　　　　　　　2

图二五　梁带村 M28 出土的锻造青铜甲片（公元前 8 世纪）
（《梁带村芮国墓地》第 126 页，图 1；第 127 页，图 2）

M26 芮侯夫人没有金器，似乎那个时代只有男人才使用这种材料。女性使用奢华的珠子串饰做装饰，这与棺饰所使用的材料有紧密联系，并且是通过不同途径传入周政权的。这位夫人戴着三组各异的由玉牌和红玛瑙珠串成的项饰。除此之外，她还有一套奢华的串饰，是由红玛瑙、玉和费昂斯珠子垂饰在一个梯形牌下面（图二六，2）。像芮侯一样，她也有一组

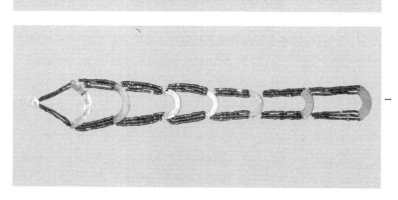

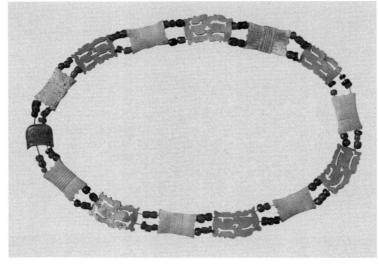

图二六　梁带村 M27 和 M26 出土珠玉串饰（公元前 8 世纪）

1. M27 出土黄与珠子串饰（长 105 厘米）　2. M26 出土"梯形牌"串饰组，包括双锥形红玛瑙珠、费昂斯和玉珠（长 97 厘米）（1，2《芮国金玉》第 11、10 页）　3. M26 出土玉牌与红玛瑙珠子的项饰《文物》2008 年第 1 期第 10 页，图 16）

七璜坠以红玛瑙珠的串饰。腕和踝上装饰着小的串饰，手里也握着红玛瑙珠装饰的大的玉板。尽管红玛瑙珠在相当多的早期墓中有发现，但直至北赵和梁带村发掘，人们仍然不能完全理解其使用目的。

玉、红玛瑙和其他珠子的三种组合都相当标准化（图二六，3）。梁带村 M27 和 M26 保存得最好。男性和女性可能都使用由玉璜及两末端连结着串成线状的小管状红玛瑙珠组成的长长的串饰[76]。目前发现最长的串饰有七璜[77]，都使用了传统的玉器形制。在这些让人印象深刻的饰品中，更令人惊异、更具有创新性的是梯形牌的用法，一件非比寻常的梯形牌沿下边缘有很多孔，通过这些孔悬挂几条细线串的形形色色的珠子。这种串饰似乎专门用于女性，她们可能戴着两个甚至更多这样的串饰。目前已知最早的例子，可能出于北赵 M113，属于公元前 10 世纪[78]。总体的编排通常相同，但是不同的个体似乎乐于组合不同的颜色和形状。在所有的例子中，悬挂的细线表明所有线上匹配的珠子都是横成排模式。北赵 M31 女性的串饰，短的红玛瑙珠搭配蓝绿色的双锥形费昂斯珠，以及球形的、玉一样的珠子（图二七，1）。M92 中则是一种多色彩的混合：红色管状玛瑙珠与黄色细长的费昂斯珠，以及很少见的棕黑色两面凸的煤精或煤珠（图二七，2）[79]。一些费昂斯珠上的小凸起表现出他们对草原范例的特殊兴趣。红玛瑙广泛使用的地区，就像在梁带村 M26 带梯形牌的串饰中所表现的那样，双锥形红玛瑙尤受喜爱。这些长的红玛瑙珠相当珍稀。除了小的管状珠子，很多其他形状的珠子也在使用，如筒形的、扁体的，双面钻孔是其突出特点。

第三种类型的项饰，由玉牌（有时是刺穿的）和小的管状珠子（见图二六，3）组成。其在虢国、应国和鲁国居于主导，另外两种则很少见。虢国墓地 M2001 的墓主人有一个由七个玉璜组成的串饰[80]。这种不同表明，虢贵族夫人没有珍视或根本没有得到西来的珍贵珠子。周核心地区遗址并没有上述串饰出土。因为张家坡墓葬被严重盗扰，尽管发现了属于这种串饰的玉和珠子，但是没有复原出完整的串饰。少量串饰在远至渭河谷地北部的周原有出土，也几乎未被复原[81]。

几个遗址的发现都说明珠子与贝风行于周政权核心地区的边缘地带。最引人注目的几组早期饰品出土于渭河流域宝鸡附近最西部的強国贵族墓中。上述发现包括不同形状的红玛瑙珠子，有的为双锥形，有的为短管状，

1　　　　　　　　　　　　2

图二七　山西天马—曲村北赵晋侯墓地两座女性墓出土"梯形牌"
珠子串饰（西周中晚期，公元前 9 ~ 前 8 世纪）

1. M31（长 67 厘米，《晋国奇珍》第 132 ~ 133 页，上海博物馆，2002 年）
2. M92（长 68.5 厘米，《晋国霸业》第 34 ~ 35 页，文物出版社，2008 年）

还有一些或窄或宽的圆珠。与之相伴出土的是形状各异的费昂斯珠子。发掘者认为在两座墓中，一些珠子与璜相连（图二八）。此外，其中一座西周中期墓茹家庄 M2 出土有一套牌饰，最初可能属于一个项饰，广泛用于所提到的年代稍晚的墓葬中（图二九）。很多墓中出土有贝或石仿贝、青铜鱼或玉鱼，但是发掘者在探讨这些发现时，很可能不知道这些小件物品组合在一起，是用于棺饰还是身体装饰，或两者兼具。

　　另外一个比较早的北方遗址——北京房山琉璃河燕国墓地，像强国一样极近于边界半月形带。西周早期墓 M251 中出土一小组红玛瑙珠、绿松石和玉串饰（图三〇）。大多数红玛瑙珠为小管状或细窄的圆珠，也有一些双锥形的。另一座墓中，红玛瑙和费昂斯珠子与贝壳和扇贝混在一起[82]。再往东，山东济阳刘台子西周早期大墓中出土一些双锥形红玛瑙珠[83]。事实上，

图二八　陕西宝鸡竹园沟 M7 出土红玛瑙珠、松石坠、玉璜串饰（西周早期，公元前 10 世纪）（《強国玉器》第 281 页，文物出版社，2010 年）

图二九　陕西宝鸡茹家庄 M2 出土玉和红玛瑙珠项饰中的玉牌（西周中期前段，公元前 10～前 9 世纪）（《強国玉器》第 191 页）

这些珠子可能来自于更北的琉璃河地区。

在新近发掘的湖北随州叶家山墓地一座女性墓中，出土了属于西周早期的珠子[84]。串饰位于墓主人身体上，包括双锥形和管状珠子，以及一些松石（图三一），更多内容尚未得知。叶家山的珠子或许来自強国，或许受到強国珠子使用的启发，因为在这两个区域之间有良好的水系相沟通[85]。

梯形牌在周早期可能尚未使用，它与珠子一起构成复杂的组合，标志着女性装饰进入一个新的发展阶段。与 M114 晋侯一组的北赵 M113，是这种装饰展示重要形成阶段的最早实例。

图三○　北京房山琉璃河 M251 出土玉、红玛瑙、松石珠串饰（西周早期，公元前 10 世纪）（作者拍摄）

图三一　湖北随州叶家山 M27 出土玉珠、红玛瑙（西周早期，公元前 10 世纪）

（《2011 中国重要考古发现》第 54 页，文物出版社，2012 年）

就像天马—曲村 M6214 和横水 M1 两座女性墓所出的那样（图三二），很多早期串饰都包含贝或石贝[86]。倗伯夫人墓所出串饰不寻常之处在于主要的梯形牌使用象牙制成，并嵌有松石。天马—曲村 M6124 和一件倗国墓地所出串饰都使用了红玛瑙珠，另外一件倗串饰也有很多其他石质的珠子。在下一个阶段，特别是在北赵较晚晋侯夫人墓中，似乎并未使用贝，而使用了一些颜色鲜亮的不同种珠子（见图二七）。属于女性的串饰异常强调其装饰性，而男性的则少有大胆组合。

这里所讨论的物品，几乎都与边地有关。常在女性墓中出现精美雕饰着夸张角的雄性动物玉器，也是如此[87]。所有大草原地区的部族中，动物纹是重要母题。另一方面，重要墓葬中发现有惊人数量的古玉，表明对于过去传统的重视，甚至这个"过去"早于周，例如圭的形制就源于商式青铜戈。在芮国和晋国，古物或古式玉显然很受欢迎[88]。芮伯夫人墓 M26 中有一件独特而卓越的物品：新石器时代红山文化玉猪龙，年代在公元前 3500～前 3000 年之间（图三三）。对于古玉的收藏或仿制，使得 M27、M26 甚至 M19 成为以古物的价值评价其地位的经典样本。在众多的芮墓中——入葬者的个人身份并没有通过文献流传给我们——墓主人以奢华的方式展示其占有的丰富材料，并以此宣示其地位。通过随葬器物，有的彰显长期延续的世族，有的则表明与外部的广泛联系及影响。

很多玉器最初都出自被盗扰的早期墓中，大量的玉、珠子、贝和仿贝

图三二　山西绛县横水倗国墓地 M1 出土梯形牌、珠子和贝的串饰
（西周中期，公元前 10～前 9 世纪）
（中国国家博物馆，2011 年 9 月作者拍摄）

透露出将如此众多的珍贵材料集合在一起的某些手段。甚至对于早期物品的仿制，也在某种程度上表明赠予者或所有者曾经拥有或者见过原件。周王可能是玉等材料的一个重要来源，因为一些青铜礼器上的铭文中提到周王赏赐玉给贵族或诸侯[89]。珍贵材料可能在诸侯手中更迭累积，一代传给一代，直到某一代成员决定某些物品应该成为随葬品的一部分。至于珠子，有些贵族有途径去获取大量的珠子，另一些则没有。

　　本文所描述的三个套系或组合传递着不同的、非同寻常的信息。公元前 9 世纪中期，同一的礼器组合置放得井井有条，表明周核心区有着强烈需求去通过标准化的礼仪建立社会秩序（见图四）。同时，与先辈的联系表现在对早期器形的仿制上，这种仿制通常采用较小的尺寸，表明对礼制改革有着广泛的社会认知（见图六）。相同的青铜器组合部分地掩饰了对于非正统的、异域形制的引入，这些形制首见于边地或非周人部族，例如独特的仿陶青铜器组合（见图八）的引入就是如此。另外两个套系——棺饰（见图三）和身体装饰（见图二二、二六），因为大多材料很显然流行于大草原以及中原与西部和北部的中间区域的部族，因此体现着异域魅力。对于钺的仿制

图三三　梁带村 M26 出土玉猪龙
（红山文化，大约公元前 3500 年）
（高 13.6 厘米，《芮国金玉》第 1 器）

（见图二四）表明了展现与边地联系的持续热情，正如对于腰带、带镂空剑鞘的短剑，以及铁刃兵器（见图二二、二三）的兴趣一样。这一兴趣在 M27 和 M26 中因为对于古玉的珍视而得到平衡。

五　丧葬礼俗的发展：起源与推动力

我们认识了礼仪标准化的物质载体，理解了新材料及其新用法，目前需要把两者结合起来，创建一个广为接受的、有序的整体。墓葬描述了公元前 9 世纪和前 8 世纪的贵族以物质载体在其政权内宣示其权力和身份，以及与周政权的联系。以芮国来讲，大量使用奢华而珍稀的材料非同寻常，表明其拥有者力求获得旁人的尊敬与崇拜，无论生前，还是死后[90]。其引人注目之处在于，材料的创造性组合揭示了周政权与边地或外族之间的呼应。

为了说明芮伯与其他诸侯获得这些不同材料和物品的方式，我们需要对实物资料做进一步检视，或许它反映了中原与北方和西部边地的交流、互动。我认为，引入上述特殊材料和物品可以分为三个不同的阶段。第一阶段，不晚于四坝时期（公元前 1900 年～前 1700 年），贝、红玛瑙、费昂斯珠子，以及略晚的小铃构成的组合出现于河西走廊的最

西北地区，首先出现在甘肃东部四坝文化，之后出现于宝鸡的**弓鱼**国墓地[91]，这些材料似乎在周代才成为贵族和礼仪装饰的重要部分。第二阶段，公元前 10 世纪，随着**弓鱼**、霸、倗等国的崛起，以及一些周贵族与非周夫人的联姻，对于这些装饰品的使用进一步发展起来。第三个，也是更晚的阶段，边地和大草原典型的黄金、铁和特定兵器被引入到像芮这样的政权。

六　边地和西伯利亚：贝、红玛瑙、费昂斯珠子和铃

童恩正在 20 世纪 80 年代所做的讨论，有助于探索在公元前 3000 年，西北地区的马家窑、半山和马厂等新石器时代文化（图三四）中最先出现珠子与贝的现象[92]。童恩正认为，从东北到西北到四川西部，延伸到云南，存在一个大的共同享有某些物质文化特征的半月形地带。据他的观点，这些特征包括石棺墓、特定的兵器和陶器类型。然而，他并没有说明沿着这一宽广的半月形地带的部族是来自于一个文化。后续的发现证实了上述区域的独特特征，以及这些居住于半月形地带内的部族之间的联系。本文认为，周人乐于把红玛瑙、费昂斯珠子和贝组合在一起，其原因可以追溯到这一半月形地带沿线上几个据点的部族对于三者的偏好。这些部族偏好黄金，尤其是黄金耳饰，以及青铜耳饰。

另一相关的研究方法是对于"北方地区"的描述，包括内蒙古的部分地区、山西北部、陕西和甘肃。林沄对北方地区的定义被后来的研究强化[93]。这一地区因为单刃刀、兵器和工具上的动物头像和铃首，以及黄金或青铜泡饰而闻名。在新疆和大草原发现的耳饰，其形制在上述地区也很典型。因此，我们所描述的材料在很大程度上具有共性，那些南西伯利亚人所使用的，也正是中原人所使用的。石棺墓、刀、铃、动物题材、耳饰或额饰，在大草原地区的使用远比中原更为普遍。

通过观察黄河流域和西伯利亚大草原的主要地区，发现半月形带是一个外围的区域，正如沃勒斯坦（Wallerstein）在他的世界体系概念中所描述的一样，这一概念在简·施耐德（Jane Schneider）和安德鲁·夏瑞特（Andrew Sherratt）的考古学研究中被进一步完善[94]。环境、经济和产品上的不平等，被这些学者视为物质交流的主要动力。施耐德和夏瑞特还强调了奢侈品

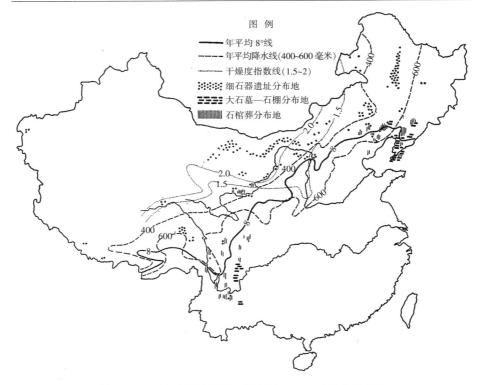

图三四　童恩正绘制的沿中原各国边地半月形带示意图

（童恩正：《试论我国从东北至新疆边地半月形文化传播带》图一，《文物与考古论文集：
文物出版社成立三十周年纪念》，文物出版社，1986年）

在构建这种交流互动中扮演的角色。就本文的讨论而言，三个相连的区域
有着不同的生态和经济。边地半月形带相对于两大中心——大草原和中国
来说，属于外部区域；但是，如果将上述两个区域视为外围的话，在其领
域内边地半月形带又居于中心，其东部边缘是大草原，西部边缘是中原。
半月形带的不同部族在不同阶段大量借鉴了草原地区文化，他们同时也是
改革家，其活力也许因黄河沿岸农耕地带富有的邻居而得以增强。因此，
贝、红玛瑙、费昂斯珠子的组合可能源自于大草原部族的习俗，但是在进
入中原邻居的过程中被改进，尽管，在不同时期，这一半月形带的很多部
分在其各自政权下都是重要中心。最值得注意的是，河西走廊作为冶金技
术最发达的地区，在把新疆和西伯利亚的技术引入到中原的过程中扮演着
极其重要的角色。

　　马家窑、马厂、齐家和四坝文化中心区所使用的器物类型和铜、砷铜、锡青铜等金属，与那些更往西的部族所使用的金属有更密切的联系，这些部族一同构成了森林草原区的赛伊马—图宾诺（Seima-Turbino）现象，包括从阿尔泰向西，以及新疆和西伯利亚中部的安德罗诺沃（Andronovo）文化。研究者们已经普遍地认识到，今天的青海和甘肃，在当时有着先进的金属加工工艺，其动力来自于更为西部的刺激[95]。以此类推，可以据之讨论周人为何从渭水盆地引入贝、红玛瑙和费昂斯珠子。

　　本论证中存在一个重要因素，周以前，即新石器时代和商代，中原所使用的珠子组合与本文所讨论者存在很大差别。玉珠曾在长江下游得到广泛使用，例如良渚文化的玉加工发展至很高水平，后来延伸到河南中部的郑州和安阳。长些的珠子做成管状，与最引人注目的双锥形红玛瑙珠子十分不同。松石也出于很多遗址，尤其是在二里头的早期阶段、郑州、安阳晚期，以及江西大洋洲[96]，但是红玛瑙、费昂斯珠子和贝的组合尚未见到。

　　安阳妇好墓出土的红玛瑙珠相当少，同出的是一些管状的玉一样的珠子，后者可能起源于新石器时代。红玛瑙在这么重要的商墓中未见，但是却在比安阳还往北的河北藁城台西先商遗址中发现一些例证[97]。这些珠子可能是从更北的早期遗址，如属于北部半月形带的大甸子夏家店下层遗址引入的[98]。

　　周人的串饰中，尤其是女性所佩戴者，费昂斯珠子相当多，充分地说明其与北方和西部，以及据之与更往西地区的交流。费昂斯是一种源于埃及和中东的玻璃，被广泛使用。在今天的伊拉克出土有大量的费昂斯珠子，呈深浅不一的蓝色，从第二千纪后期以来取代了天青石或松石。费昂斯珠子在整个大草原也有广泛的使用。像北赵 M92 所出串饰中那样窄管状珠子（见图二七，2），并没有体现出多少大草原和高加索范本的特征。有两个显著特征需要注意：成对的珠子连在一起；上面有小的突起（图三五，1）。成对的珠子中有隔珠，在伊朗北部和高加索使用黄金和费昂斯制成[99]。小的突起甚至更为特别，可能参考了金珠上的颗粒。这种突起在堪萨斯和大草原的横穴墓（Catacomb）文化出土的珠子上可以见到（图三五，2）[100]。上述带有突起的小费昂斯管不可能在中国独立出现。对于甘肃崇信于家湾

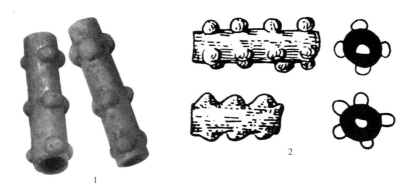

图三五　山西绛县横水倗国墓地 M1 出土的带乳突珠子（1）
与高加索所出类似珠子（2）的比较

[Peter Hommel 拍摄。K. Kh. Kushnareva and V. I. Markovin, eds., *Yepokhi Bronzy Kavkaza I Srednej Azii: Rannyaya I Srednyaya Bronza Kavkaza*（Moscow: Nauka, 1994）fig. 93, items 11、12]

西周早期墓所出珠子的分析也表明这一点，某种情况下，费昂斯的成分与西亚所出的珠子相似，而与传统上认为属于中国制造的珠子不同[101]。

因此，从内亚引入费昂斯是很典型的佐证，既缘于技术，也缘于用作装饰材料，引入有突起的窄管状珠也是如此，而源自于西部的红玛瑙珠子则是因为较少切割与干燥。然而，如同费昂斯珠子一样，商、周势力范围内最早的例子都发现于边地半月形带。与本文讨论最密切的例证，发现于第二千纪早期河西走廊的四坝文化遗址，小的红玛瑙与费昂斯或松石珠子一起使用（图三六）。在同一地区，贝和黄金也时有使用[102]。红玛瑙珠与所描述的费昂斯珠子一样，没有最先在中原出现，所以，它们要么是边地的本土发明，要么更可能是在西伯利亚南部、乌拉尔地区、高加索，甚至北部大草原对于红玛瑙和其他半宝石偶然使用的衍生

图三六　甘肃省河西走廊出土一组
红玛瑙和费昂斯珠子（四坝文化，
公元前 1900 ~ 前 1700 年）
（甘肃省文物考古研究所、北京大学考古文博学
院：《河西走廊史前考古调查报告》第 395 页，
图 258，彩图 15：7，文物出版社，2011 年）

物[103]。哈密天山北路遗址发现的红玛瑙串饰表明其可能为中间媒介之一[104]。红玛瑙在河西走廊一出现就被几个区域所采用。从最西边的火烧沟四坝文化的墓葬，到年代稍晚甘肃更往东的寺洼文化遗址都有发现。很显然，这些材料仅是得自他处的偶然获取物，它们互相并不匹配，用旧了，甚至损坏了。

贝的角色和来源甚至更使人着迷。早在费昂斯和红玛瑙出现之前，在公元前第三千纪后期的甘肃和青海的马家窑、半山、马厂文化已使用贝和骨珠[105]。它们也发现于青海的宗日文化。贝和骨珠也见于甘肃的四坝和齐家文化。在河西走廊和青海的最早遗址中贝已有发现，一些学者认为这些贝的来源之一为印度洋，向东进入整个中亚[106]。另外一些学者则认为起源于亚洲东部[107]，但那里尚未有任何一例更能支持在中间地区使用贝的证据。在西伯利亚，甚至高加索的南部和马利克（Marlik），使用各种贝[108]。它们流行于半月形地带沿线的一些遗址，包括大甸子。在商和周早期，贝更多地用于装饰马具。这一习俗也表明与大草原的联系，因为中国人对马有着持续需求，并从边地部族那里获取马，很多马也可能用于马车，因而是带着马具的。但是，这些贝也可能来源于东部。本文对于贝的独特兴趣，在于它们与红玛瑙、费昂斯和棺饰中其他珠子的组合。类似材料与天马—曲村和横水遗址中年代较早的带有梯形牌的串饰有着紧密联系（见图三二），突出反映了在全新的情境下对早期组合形式的保留。

然而，费昂斯、红玛瑙、贝的早期组合的重要性在于，它最早出现在中原附近，并位于边地半月形地带，尤其是河西走廊。这一地区的用法为西周早、中期探索这些装饰材料的新形式提供了来源和范本。黄翠梅认为这是一种简单的线性发展，她不但引用了宝鸡墓地，也引用了北窑和西安的材料，认为是河西走廊东部寺洼文化习俗的延续[109]。然而，引入有梯形牌的复杂串饰可以看作是一个新起点。同样地，棺饰的骤然发展也可以看成是在早期流行的各种材料及其在中原主流以外截然不同的应用的产物，这种发展是经过深思熟虑，有计划地进行的。

我们需要关注的另一种物品是双锥形红玛瑙珠，尤其是那些使用在女性所佩戴的有梯形牌的串饰中的（图三七，1）。这种形制未见于早期中国。玉珠的形状往往呈管状。然而，双锥形更受喜爱。因为在公元前第三千纪时的印度河文明摩亨佐—达罗（Mohenjo-daro）和乌尔（Ur）的王室墓地，长形红玛瑙珠得到有效利用，在这里双锥形费昂斯和天青石，以及红玛瑙珠也极多[110]。即使今天，印度次大陆仍是红玛瑙和玛瑙珠的生产中心[111]。

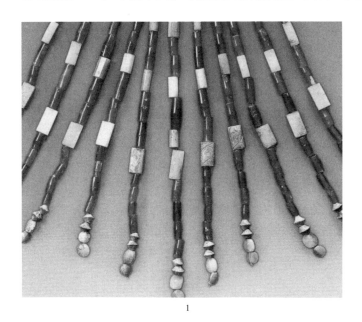
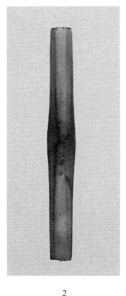

1   2

图三七　玛瑙珠

1. 梁带村 M26 出土串饰（图二六，2 中的红玛瑙珠的细部）　2. 湖北襄阳余岗 M102 出土的长玛瑙管（长 7.4 厘米，《余岗楚墓》彩图 51，科学出版社，2011 年）

　　制作长珠，需要充足的大块玉髓和几种独特的技巧，通过精准的敲打成型，也需要几个步骤的加热来改变石头的颜色。工艺的过程与玉珠相比很少有共同点。珠子也需要钻孔。对这一工艺过程的复杂性以及工匠的工艺技巧，研究者发现了确切的例子。加工的过程需要各种工艺，包括使用各种材料的小石钻头。很多这种石钻头，尤其是用 ernestite 制成的，反映了当时的人对于天然材料的性能以及加工它们的方式已经有了很深入的理解。以这些技巧为基础，工匠才能够创造长的、更有视觉效果的珠子[112]。印度珠子以及很多其他珠子都是两面钻孔。中间部分较宽，也使得两面的钻孔汇合更容易。

　　伊拉克和大草原之间是高加索，在那里发现了奢华的红玛瑙珠阵列，在公元前第四千纪的迈科普库尔干人（Maikop Kurgans）那里经常与黄金共出。这些精美的、色泽丰富的红色珠子有着各种不同的形制。在时代晚些的遗址如马利克（Marlik），双锥形红玛瑙珠中有些是竹节形[113]。在中国，竹节形状的珠子更典型，但是比马利克出土的竹节形珠子更短些。

在伊拉克与中国首先使用双锥珠子的燕或弴国之间，现在还没有明显的中间区域，尽管今天的乌兹别克斯坦（Uzbekistan）或塔吉克斯坦（Tajikistan）可能位于传播路线的东部。然而，发现于湖北襄樊的单个长珠子，有着印度出土珠子的所有外观特征[114]（图三七，2）。它的长度超过7厘米，双面钻孔，似乎体现着钻孔的几个步骤，代表着印度区域的工艺水平。在哈拉帕（Harappan）文化，大量使用鲜亮的橘红色珠子。东周墓中的发现表明，珠子可能只是在西周覆亡之后传入中国的。另一方面，它以及其他与之相似者，可能获取得很早，但是因为太珍贵没有埋入墓葬，在这一时期，中国及其附近地区生产出短的双锥珠。这种非凡的长珠在家族内传继几百年。距离随州叶家山不远的遗址，出土了早期的双锥形珠子（见图三一）。

因此，笔者认为，红玛瑙珠是两种不同类型刺激的产物。少量形制相对简单的珠子从西伯利亚或中亚进入西北，同时传入的还有其他珍贵材料，如费昂斯，可能也有贝。这些材料导致了一系列管状珠子的生产。长的双锥形珠子或许独自偶然传入，主要见于女性的串饰，这是生产双锥形珠子的一个刺激源，因为本土没有这种形状珠子的先例。双锥形具有吸引力，很可能因为这是以前没见过的，费昂斯珠复制了该形状，但是发掘者错把它们认成了陶珠。

从外边引入和改进稀缺材料，影响了广大范围内的红珠的半当地生产，这与冶金术的引入过程同步。在西伯利亚的各种刺激下，少量的兵器、工具、铜饰、砷铜和铅青铜在河西走廊制作和使用[115]。一旦中原社会开始铸造青铜器，其尺寸和种类就得以大大提高，远优于技术最初产生地区青铜生产的表现。费昂斯珠子、红玛瑙和其他一些石头的生产也遵循这一模式。

因而，我们可以认为，一些外部传入的东西也许刺激了当地人的灵感，并有所实践。我们现在看到的精美而丰富的串饰，并不仅仅是借鉴了中原以外为数不多的费昂斯或红玛瑙例子。周贵族一定从其非周部族的邻居那里吸收了佩戴多彩饰品的爱好。

七　婚姻模式

有可能把这一色彩展示引入进来的是贵族夫人。这些埋葬在北赵的晋国、横水的倗国、梁带村的芮国贵族墓地中的女人，一定有着特别高的地位。通常来说，贵族夫人墓的规模、随葬礼器的数量小于其高级别的男性配偶，但是也有一些例外，妇女可能随葬与其配偶同样或更多的青铜器。各晋侯的夫人有自己的马车，尽管比其配偶所用的要小。另一方面，妇女通常有更多精美的珠子饰品。大量边地才使用的材料、技术、器物发现于周贵族墓中，很巧合地与我们知道的远距离家族间通婚的时期相符合。正如陈昭容和夏玉婷所认为的，对于周贵族而言，从远方寻求新娘可能是为了加强政治联盟[116]。记载这种结合的青铜器铭文不断地提供周姓与非周姓家族之间通婚的资料。我们知道，包括那些建立霸和倗政权在内的很多非周部族是周的近邻。与后世周边部族被鄙视、被唾骂的直觉认识相当不同，似乎这一时期人们很重视与远方或周边部族的联姻。而且，对边地部族的服饰，以及一些丧葬习俗的模仿成为风雅时尚。

的确，即使如横水 M1 的女人一样并非来自边地部族，通过其墓中不同寻常的陶器以及装饰身体的大量珠子，还是可以看出对这种联系的强调。北赵晋侯墓地的很多墓葬，晋侯与夫人同属于周姬姓家族，也同样强调与远方或周边部族的联系。因此，公元前 10 ～ 前 7 世纪，与外部的联系通过材料的展示，技巧性地呈现出来，这种展示是权力和影响的象征，而非简单地只表明联系的存在。实际上，梁带村 M26 对这种联系的实现，与 M27 通过等大地仿制特殊的古代礼器来展现与先辈的联系类似。两种元素被广泛使用：挂在梯形牌上的珠子（见图二七）、特殊青铜器的微型复制品。两者要么都得自域外，要么至少来自边地（见图一四）。

在很多有梯形牌的串饰中，同色的珠子横向成排。这种组合方式在中原没有先例，也没有与成组的璜一起使用的例子。然而，正如苏芳淑指出的，在世界的很多其他地区，这种复杂组合形式得以实现是因为使用了隔珠，也就是说，长的或标准的珠子在小的或更为多变的珠子之间——例如上文所提到的费昂斯或金的双狭管——穿成几条线[117]。总体上，周人并没有采用隔珠，除了在有限的几个项饰实例（见图二六，3）中，穿孔的玉牌挂有两条线。然而，在梯形牌串饰中达到了同样的视觉效果，玉珠和费昂斯不时隔断红玛瑙（见图二六，2；图三七，1）。梯形牌相当突然地出现，以及悬吊的方式和装饰效果，表明它可能是周贵族从某地获取的。

必须进行更为深入的比较才能讨论这一可能性。如果我们以属于 M26 女墓主的另一组串饰为例，即使不采用末端向外张开的串法，我们仍能看出其对于水平形式的强调（图三八，1）。从大体方形的牌子上垂下的珠串，与头发和头饰相比，使用了更精致、更轻巧的材料，包括在草原游牧部族更流行的不同的金属和费昂斯。乌拉尔东部属于公元前第二千纪前半段的辛塔什塔—彼得罗夫卡（Sintashta-Petrovka）文化的墓地，以及阿拉库（Alakul'）文化发现的实例[118]，表现为方形隔珠与小珠子的组合，创造了在中国的组合上同样能观察到的节奏感的范例（图三八，2、3）。除了 M26 中所出土的例子，我们也可以比较北赵 M92 的一组串饰与西伯利亚发饰（图三八，4），它们都有着大体相同的形制。因此，带梯形牌的串饰可能是中原对于看到的边地，甚至远在大草原的类似形式的女性服装和身体装饰的地方性阐释。这种情境下，广大范围内色彩亮丽的珠子以一种夸张的装饰形式出现，虽然可能仅是一种二手的、半记忆或半理解的描述。

公元前 10 世纪晚期或前 9 世纪，和梯形牌挂在一起的珠子似乎已经标准化，尽管只使用了相对较短的时期，但现有证据表明其遍布周政权的广阔地区。梁带村 M26 中的昂贵装饰品，其超乎寻常的长度反映了一种人为的甚至深思熟虑的再创造。这种装饰品与来自甘肃的兵器钺的仿制品类似（见图二四）。所有这些显然都象征着与外界的联系，而非真正的外来物品。

M26 的微型礼器，参考了在时间和地域上都属于别处的某些东西，已经被描述为，或已经成为"别处"的强有力象征。在宝鸡弓鱼国墓地早期成套的微型青铜器中有一些非常重要的先驱。所有这些早期西周墓地都有这种微型器物（图三九），一般包括尖底罐、匜、小的尖状坠饰、盘、勺、梳子、笄。图三九展示了 M13 和 M20 出土的例子。发掘者及后来的研究者经常

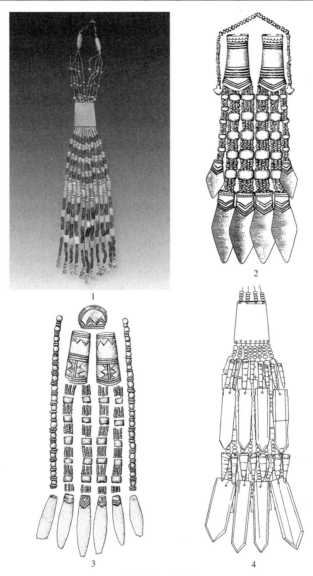

图三八　饰品

1. 梯形牌串饰（梁带村芮国墓地 M26 出土。串系的方式没有像图二六，2 那样分开）　2. 发饰（辛塔什塔—彼得洛夫卡时期，乌拉尔东部地区，公元前第二千纪，V. F. Gening, *Sintashta*：*Arkheologicheskie Pamyatniki Arijskikh Plemen Uralo-Kazakh-stanskikh Stepej*，Chelyabinsk：Southern Ural Press，1992，Pl. 193，fig. 99）　3. 发饰［阿拉库尔时期，西伯利亚，公元前第二千纪。E. Kupriyanova, *Ten' Zhenshina*：*Zhenskij Kostyum Yepokhi Bronzy Kak 'Tekst'*（Chelyabinsk：Avto Graf, 2008）Pl. 22, fig. 4.］
4. 坠饰（山西北赵晋侯墓地 M93 出土，《文物》1995 年第 7 期第 17 页，图 19：1）

把弓国墓地与四川联系起来，确实，四川类型兵器见于一些墓葬。微型器可能包括来自西部和西北的物品。例如，尖底青铜和陶礼器，参考了西伯利亚南部和新疆的器物。M13 完整尺寸的权杖头和柄斧无疑来自于河西走廊，表明西周早期墓葬的墓主人要么来自于河西走廊，要么保持着与那里的联系[119]。墓中的一些陶器也属于西北地区。梳子与笄的持续存在表明其与女性的关系。

同一时期，弓国贵族在墓葬结构形式和随葬礼器方面采用了周人核心区的习俗。然而他们对于珠子、贝和微型器物的兴趣可见于所有西周早期墓，表明他们保持对另一地区与另一种文化的联系，或者只是记忆。随着世代延续，这种对于其他地区的借鉴愈加有意为之，变得象征化。对于这些特殊器物和形制的重复已然成俗，随着时间的流逝，其原有的含义也许消失。以同样的方式，我们可以看到 M26 的微型青铜器，可能也包括配有珠子的梯形牌，借鉴其他地区的做法已不再是墓主人直接体验的一部分。弓国微型器物早于晋和芮墓所出者。时间上居于其间的是与西北相关的仿陶青铜器的大量尝试，例如三足瓮和双耳罐（见图一〇）。

前文已经讨论过，仿陶青铜器和对应的陶器置于女性墓中，特别是晋侯那些属于外族的配偶。这样的讨论是基于在女性墓中出土的特别形制的陶器。包括上文提及的三足瓮和双耳罐。与之同出的有大口尊（另外一种值得关注是仿陶青铜器），以及有支足的盆——传统上将其归入簋，极其可能是源自于寺洼文化（见图一〇）[120]。北赵 M13 出土有四件这种形制的青铜簋，这也是一个女性墓，有几件是仿自装饰有曲线纹的陶器[121]。

人们对于三足瓮与最北地区的联系，已经有深入研究。根据陈芳妹发表的三足瓮分布图[122]，很显然其早期形制在今天的内蒙古和汾河上游的黄河北段最为典型，西周的例子集中于山西，主要为陶器，偶有铜器（图四〇）[123]。周人女性墓中发现的陶器例子很显然晚于北方陶器，并且总体来说形制更简洁，经常装饰弦纹或瓦纹，与礼制变革后青铜器上所应用的纹饰类似[124]。陶器似乎是经过深思熟虑后的再创造，与女性墓的联系很显著：天马—曲村女性墓出土有 8 件陶器，其他一些则发现于扶风的女性墓中。陈芳妹认为墓葬中的女性随葬这些器物，与她们原本所属的北方地区有关[125]。这种看法存在的问题就是北方边地和汾水与周墓中出土的例子年代不同。

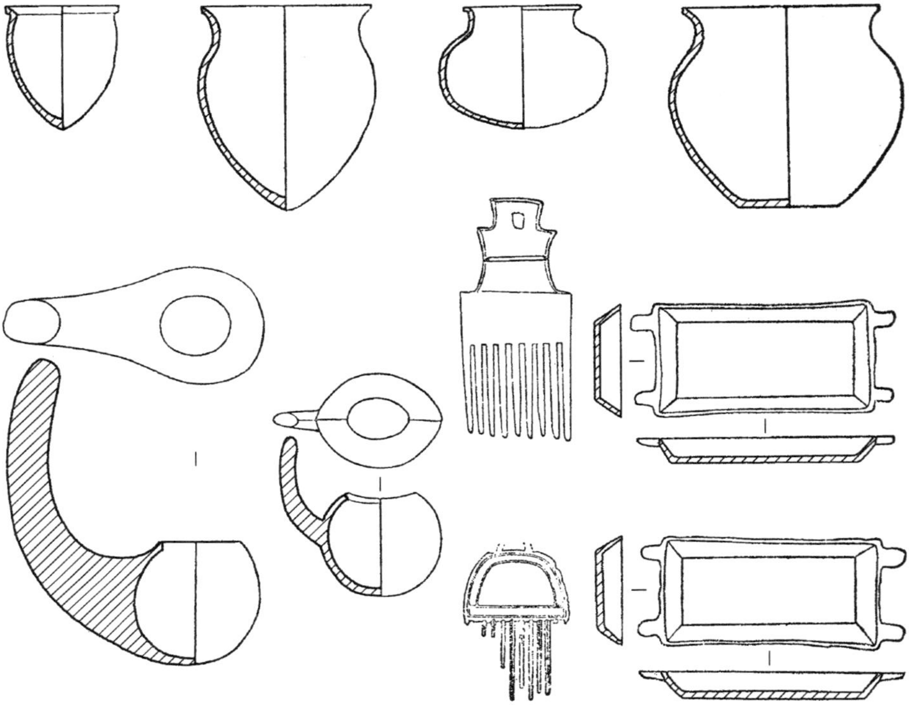

1

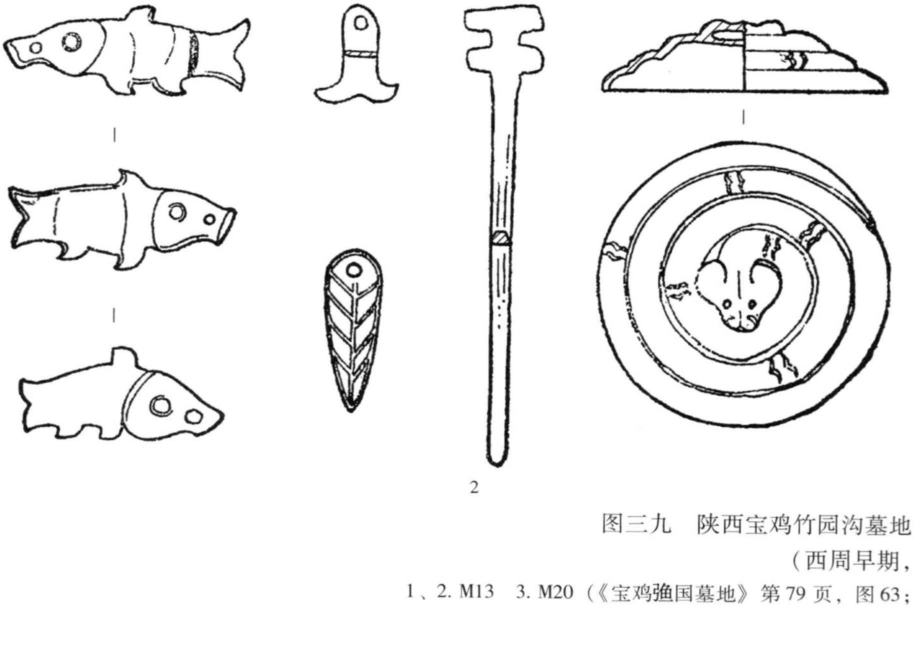

2

图三九　陕西宝鸡竹园沟墓地

（西周早期，

1、2. M13　3. M20（《宝鸡強国墓地》第79页，图63；

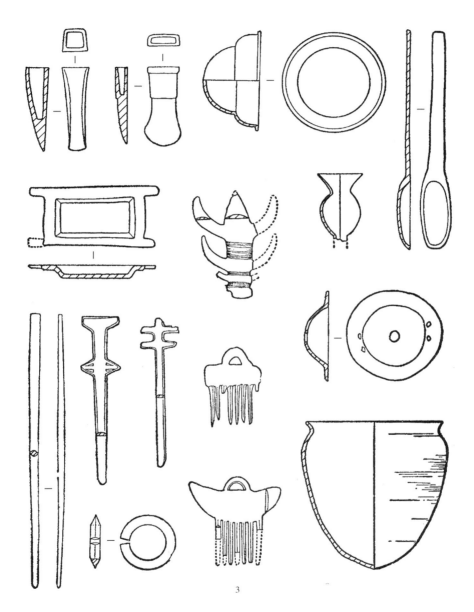

3

出土微型青铜器和工具
公元前 11～前 10 世纪）
第 80 页，图 64；第 195 页，图 144，文物出版社，1988 年）

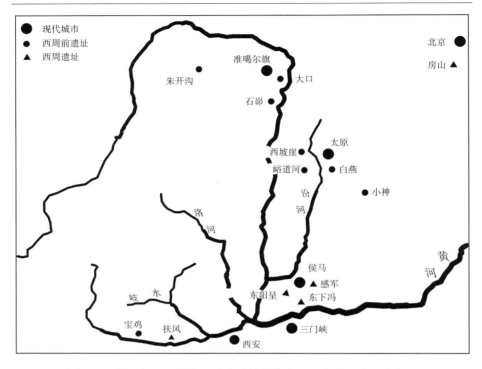

图四〇　周北部地区渭水、汾水流域早期陶三足瓮出土遗址分布图

（陈芳妹：《晋侯墓地青铜器所见性别研究的新线索》图 3，《晋侯墓地出土青铜器国际学术研讨会论文集》，上海书画出版社，2002 年）

还有，横水倗伯是外族，但是 M1 倗伯夫人很显然并不是。因此，另外一种观点则认为，那些来自非周部族，或完全属于周人社会的贵族妇女，通过装饰和所有物宣示其与远方的联系，这在当时周人社会成为高级身份的标志。因而，这些物品具有象征性，与边地的联系与其说关乎现实，不如说是地位的问题。

如果周贵族通过对于异域材料和器物形制的奢华使用来展现其地位和权力，并且意图将这种联系人为地符号化，我们可以把这种行为解释为广泛战略的一部分，即通过从强邻那里获取的时尚和人工制品来展现新身份及联盟。采用异域材料和工艺品，而且使之融入自身的礼仪秩序中，周人对于远方或者边外的成功控制突出了其野心，这种成功在某种程度上也是通过婚姻获取的。

八　个人物品：兵器、带饰、镜子和盔甲

芮伯的装饰品和兵器从时间上属于周核心地区国族与边地交流的第三个阶段。事实上，很多物品已经描述过了——泡饰、兵器，以及锻制的盔甲——就现有考古证据而言，在公元前8世纪，这些物品首见于周核心地区墓葬。然而，这时周人与入侵的猃狁之间的战事正处于关键时刻，军争状态延续了一百年。经过多次袭击和战争，周人在公元前771年被逐出了其中心渭河谷地[126]。尽管贵族把青铜器埋入了周核心区的窖藏，他们却再也没有回来重新取出它们。

带饰、有镂空剑鞘的短剑、泡饰、锻制的盔甲都是边地的特征，尽管遭受重要失败，还是作为芮侯珍贵的个人物品被埋入墓葬。黄金的奢华展示的确说明他自信地通过这些工艺品表现其身份。对此，我们可以把这种对外族兵器与服饰的热情与汉朝皇子相提并论，他们使用了与敌对的匈奴相似的金带扣和小短剑[127]。对于这种与敌人有关联的一种可能解释就是，在所有历史时期，汉人实际上一边忙于与非汉邻居交战，一边推崇其技巧，并乐意模仿他们。另一方面，似乎更可能的是，公元前9世纪和前8世纪，中国贵族和敌对的猃狁在疆域的划分上并不清楚。随着地区间的交流和战争，周贵族一定不可避免地对其邻居的习俗和偏好有一些日积月累的经验。

芮政权位于黄河向南大拐弯处的西边，可能与猃狁或相关的部族为近邻，与后代不同，芮伯很少关注两者之间的区别。芮是沿边地缓冲区的一部分，在那儿周人与其邻居有些习俗相同，就像他们的后继者一样，是插在大草原和中原之间的楔子。实际上，这并不是新现象。边地半月形带的几代人已经使用有镂空剑鞘的短剑、泡饰和钺，这些都是芮伯墓材料的先驱。这些部族与边地部族和周贵族如強、燕混合[128]。我们也可以从另一角度看待交流的动态。换言之，边地半月形带在不同时期延展、收缩。随着周人逃离其渭河基地，这里实际上成了边地，周贵族东迁后，芮的势力得到扩展，变得更近于渭河。

梁带村墓地不但有大量的黄金和兵器，也有很多珠子和贝，表明芮与边地半月形带部族有特别紧密的联系。事实上，M27和M26中的珠子和黄

金是独特的，要么显示了尊崇周政权的特权，要么更可能的是，显示其与非周邻居如大堡子山的密切联系。侯马地区的晋国与之有极其相似之处。然而，正如已经讨论的，珍稀珠子的数量、黄金的使用在诸如虢国和应国，更往南和往东地区逐渐减少。因此，有必要观察黄河流向南方之处的两边，因为这里与那些既拥有材料又有人工制品的边地半月形带贵族有着特殊而紧密的联系。

我们讨论交流的背景，是把这一地区看成是位于边地和东迁后中心区之间的边缘地带。中间区域被非华夏部族全部占据，周疆域的核心区得以一次次重新发展，延续了很多世纪。在北朝和唐时期，上述地区扮演着重要都城长安和洛阳之间缓冲区的角色。统治者不时地依靠半独立的军事力量，这些军阀时而保护都城免受外族入侵，时而自身也加入入侵行列中。

九　结论

周人特别善于自我表达。他们从西部进入中原，征服了商，宣称自己是以商模式进行统治，并且以青铜礼器铭之，如何尊上的文字[129]。从征服的那一刻开始直至今天，他们作为正统统治者的声明已经被认可，很少被质疑。另一方面，周人起源于边地，以及与边地的联系，只是断断续续地被讨论。

梁带村不可思议的完好发现，给我们展示了周人同样的技巧，只是时间晚些。在两个多世纪的时间里，周人及其贵族与居住于其间的、边界以外的非周部族成员混合、通婚。从邻居那里，周贵族学到了青铜器和陶器的新器形，形成以异域材料做多彩串饰的习惯。外来的材料如黄金、红玛瑙、铁；新技术如费昂斯、锻制盔甲的生产；新的人工制品如三足瓮、编钟、镜子，都是从边地半月形带——从四川西北至鄂尔多斯，然后进一步东进——的邻居那里引入的。对于这些外来物品的获取，凭借的是周与西部和北方邻居之间的不断交流。而且，梁带村所见的奢华展示力图从视觉上宣示这种远距离联系的权力。大多材料的刻意使用，突出了与边地联系的象征意义。如赫尔姆斯所言，得自远方的物品代表其所有者的权力与地位。异域的形制、亮丽的色彩在社会交换中可能更为突出，甚至超过了与获取材料来源的邻居之间战争一般的竞争。

对于远方及边外的兴趣，在公元前9世纪早期得到加强，持续到公元前8世纪，当周人真正地从他们的邻居那里感受到军事压力的时候。昭王和穆王在南方失败之后，西周政治上大动荡，不稳定的时代传至厉王时，他采取了断然的应对措施。新近获得的人工制品、材料和装饰风格开始确立，被列入新的礼制体系，这可以在礼器的变化、全部的棺饰、贵族的饰品等几个方面得到证实。然而，一些新获取的工艺品如三足瓷并未被采用。公元前9世纪中期包括青铜礼器在内的礼制改革，实际上仅是对于社会和政治挑战的几种集中反应之一。

因而，周人试图对其政权内的不同文化加以控制，把新风俗与"边外"因素融入某种同一体系内。在这一时期，我们能够见到两种重要趋势：一方面，周人热衷于从边外引入新材料和人工制品；另一方面，珠子、新器形、黄金源源不断地被融入周人社会结构中。

仍然有很多关于周人及其贵族的政治和社会背景需要了解。我们并不完全理解为什么这么多不同材料和工艺品从边地进入中原并引起关注。更奇妙之处在于，通过对边外联系的刻意展现，贵族尽心竭力地宣示自己。M27芮伯与M26其夫人尤为戏剧性的展示，表明随着渭河流域周人中心的衰落，这一地区和边地部族的联系越发紧密。很显然，他们比位于更南部的同时代的虢国有更多机会接触边地风俗。

标准化的礼器组合留存到公元前4世纪，根据各地不同的喜好，被铸造成几种不同的样式。奢华棺饰和个人饰品逐渐地减少。后来被视为等级标志的玉串饰，是早期珠子和玉盛行一时留存下来的最后证据。礼书的作者和注释家们对于西周的礼仪实践没有直接的信息，但他们的理解是正确的，中心秩序的某种形式已经确立。然而，因为写作于不同的社会、政治环境下，这些作者过度解释了这一秩序，外在的复杂融合被重铸为内在等级的简单表现和禁止僭越的法律规范。将革新错认为具有延续性和规律性的结果，影响到了中国对自身历史及其在更广阔世界中的关系的认知，这种影响至今仍清晰可见[130]。

致谢： 本研究得到 Leverhulme Trust 支持，是"中国与内亚：公元前1000年～前200年，交流改变中国"项目的一部分。我要感谢如下这些人的评论和建议：小罗伯特·哈利斯特（Robert Harrist Jr.）、雷德侯（Lothar Ledderose）、吴晓筠（Wu Hsiao-yun）、夏玉婷（Maria Khayutina）、彼得·霍梅尔（Peter Hommel）。陈轩在检查参考文献方面出力颇多。我也感谢两位读者，他们的建议被最终版所吸取。本文也得益于黄翠梅在 2012 年 6 月汉学国际学术研讨会上所做的重要演讲《文化·记忆·传记：新石器时代至西周玉璜及珠饰》，对此表示衷心感谢。

注　释

[1] 本文所依据的重要考古发掘报告主要包括：芮伯墓 M27（《考古与文物》2007 年第 6 期），芮伯夫人墓 M26（《文物》2008 年第 1 期），其第二位夫人墓 M19（《考古与文物》2007 年第 2 期）。本文提到的其他墓葬，尤其是 M28，更全面的报道见陕西省考古研究所、渭南市文物保护考古研究所与韩城市景区管理委员会编：《梁带村芮国墓地——2007 年度发掘报告》，文物出版社，2010 年，以下称为《梁带村》2010。

[2] 本文是杰西卡·罗森相关研究的延续，参见其 Carnelian Beads, Animal Figures, and Exotic Vessels: Traces of Contact between the Chinese States and Inner Asia, ca. 1000-650 BC, in *Archäologie in China*, Vol. 1, *Bridging Eurasia*, ed. Mayke Wagner and Wang Wei, Darmstadt: Verlag Philipp von Zabern, 2010: 1-42. 本文也根据一些同样的资料从不同的视角探讨了其对于丧葬礼俗的冲击。两文都得到了里德基金会（Reed Foundation）的支持。

[3] 本文中历史方面的资料取自于 Li Feng, *Landscape and Power in Early China*: *The Crisis and Fall of the Western Zhou, 1045-771 BC*, Cambridge University Press, 2006. 文中采用了李峰所提出的西周诸王统治时间：西周早期：武王：公元前 1049/1045～前 1043 年，周公：公元前 1042～前 1036 年，成王：公元前 1042/1035～前 1006 年，康王：公元前 1005/1003～前 978 年，昭王：公元前 977/975～前 957 年；西周中期：穆王：公元前 956～前 918 年，恭王：公元前 917/915～前 900 年，懿王：公元前 899/897～前 873 年，孝王：公元前 872? ～前 866 年，夷王：公元前 865～前 858 年；西周晚期：厉王：公元前 857/853～前 842/828 年，共和：公元前 841～前 828 年，宣王：公元前 827/825～前 782 年，幽王：公元前 781～前 771 年。李峰所给出的诸王年代实际上是建立在夏含夷（Edward Shaughnessy）研究基础上的（*Sources of Western Zhou History*: *Inscribed Bronze Vessels*, Berkeley, Los Angeles, and Oxford: University of California Press,

1991）。对于考古学角度的历史讨论，参见 Cho-yun Hsu and Katheryn Linduff, *Western Chou Civilization*, New Haven, Conn., and London: Yale University Press, 1988.

［4］西周覆亡后，其礼俗在山西省上马墓地能够看到有所延续，参见：Lothar von Falkenhausen, *Chinese Society in the Age of Confucius（1000-250BC）: The Archaeological Evidence*, Los Angeles: Cotsen Institute of Archaeology, University of California, 2006: 128-161.

［5］Jessica Rawson, Statesmen or Barbarians: The Western Zhou as Seen through Their Bronzes, British Academy *Albert Reckitt Archaeological Lecture*, 19 October 1989, published in *Proceedings of the British Academy* 1989, 75: 71-95.

［6］陈三平（Sanping Chen）指出，周人选择"天"是他们"野蛮"出身的证据，他也指出郭沫若和 Herrlee Creel 在早期的研究中已经得出同样的结论（*Multicultural China in the Early Middle Ages*, Philadelphia, Pa.: University of Pennsylvania Press, 2012, 119-56）。

［7］Wu Hsiao-yun, *Chariots in Early China: Origin, Cultural Interaction, and Identity*, Oxford: Archaeopress, 2012.

［8］见［7］中的 Ibid. 74，给出了几个例证。

［9］Mary Helms, *Craft and the Kingly Ideal: Art, Trade, and Power*, Austin, Tex.: University of Texas Press, 1993.

［10］Mary Helms, *Ulysses' Sail: An Ethnographic Odyssey of Power, Knowledge, and Geographical Distance*, Princeton, N. J.: Princeton University Press, 1988.

［11］Helms, *Craft and the Kingly Ideal*, 105.

［12］三礼汇编和时代，参见：William Boltz and Jeffrey Riegl in Michael Loewe ed. *Early Chinese Texts: A Bibliographical Guide*, Berkeley: The Society for the Study of Early China and The Institute of East Asian Studies, University of California, Berkeley, 1993: 24-32, 234-43, 293-98.

［13］关于礼书的权威研究，参见：Michael Nylan, *The Five "Confucian" Classics*（New Haven, Conn., and London: Yale University Press, 2001），Ch. 4.

［14］Stuart Piggott, *Wagon, Chariot, and Carriage: Symbol and Status in the History of Transport*, London: Thames and Hudson, 1992: 45 – 49.

［15］战车和车饰已有广泛的讨论，本文中不再赘述。

［16］M27 的发掘简报中提到了在 M26 和 M19 出土的青铜器，其铭文记载了上述内容，见《考古与文物》2007 年第 6 期第 21 页。

［17］ 木俑与在 M502（《梁带村》2010，第 52 ~ 54 页）的发现类似，也见于山西省
翼城大河口墓地（见国家文物局编：《2010 中国重要考古发现》，文物出版
社，2011 年；《考古》2011 年第 7 期）。大河口墓地被认为属于非周系统的霸
国，由狄人建立。谢尧亭在《发现霸国：讲述大河口墓地考古发掘的故事》
（山西人民出版社，2012 年）中例举了修复的漆人像。墓竖穴两侧挖有小壁
龛（《考古》2011 年第 7 期，图 3：1），这并非周人地区特点，而是甘肃更往
西地区的特征，主要发现于齐家文化以及更晚些的圆顶山秦墓中（《文物》
2002 年第 2 期）。

［18］ 正如罗泰在研究中指出的，尽管墓道的数量、木制棺椁的使用、随葬礼器、
悬挂的装饰物等都反映着墓主人的财富，但通过这些方式来标明严格的等级
之分，在诸侯国之间并未得到一贯地施行（Lothar von Falkenhausen, *Chinese
Society*, 100.）。事实上，这种一贯性在不同诸侯国之间可能从未实施过，梁带
村的墓葬资料表明在同一政权内，一贯性在不同世代之间也难以为继。

［19］ 夏玉婷在其 Royal Hospitality and Geopolitical Constitution of the Western Zhou Pol-
ity［*T'oung Pao* 26 (2010)：1-73］中，对于金文中记载的周天子与诸侯小国之
间的交流做了全面研究。

［20］ Li Feng, *Landscape and Power in Early China*, 113-115.

［21］ 陈昭容：《从青铜器铭文看两周夷狄华夏的融合》，《古文字与古代史》第二
辑，2009 年；Maria Khayutina, Marital Alliances and Affinal Relatives (*sheng and
hungou*) in the Society and Politics of Zhou China in the Light of Bronze Inscriptions,
Early China 37（待出版）。这两篇重要的论文揭示了周政权与非周部族之间的
交流，有助于认识诸如倗、霸所见新礼俗，对周礼仪体系的主流卓有贡献。

［22］ M27 中所出礼器包括 7 鼎、6 簋、2 壶、1 甗、1 盉、1 个有盖的盆，5 件古风
礼器包括 1 簋、1 卣、1 有盖尊、1 觚、1 角，也有 8 件一套的甬钟、1 镈于、
1 钲。M26 中所出青铜器包括 5 鼎、4 簋、2 壶、1 甗、5 鬲、1 盉、2 簠、2
有盖盆，微型青铜器包括 1 方鼎、1 罐、1 有流器、1 浅腹环耳器、1 小釜、1
透雕盒子。M19 随葬有 4 鼎、4 簋、2 方壶、1 甗、4 鬲、1 盉、1 盘、1 带盖
盆。这些礼器的重要意义在于，都遵循了公元前 9 世纪中期到晚期礼制改革
过程中器形和数量方面的重要变化，因而成为标准样式。

［23］ Jessica Rawson, Ritual Vessel Changes in the Late Western Zhou, 1986 年 3 月 11 日
早期中国论坛演讲，刊载于 *Early China* 11-12 (1985-87)：289-95.
Jessica Rawson, A Bronze-casting Revolution in the Western Zhou and Its Impact on
Provincial Industries, in *The Beginnings of the Use of Metals and Alloys*: *Papers from*

the Second International Conference on the Beginning of the Use of Metals and Alloys, Zhengzhou, China, 21-26 October 1986, R. Maddin ed. Boston: Massachusetts Institute of Technology, 1988: 228-38.

Jessica Rawson, *Western Zhou Ritual Bronzes from the Arthur M. Sackler Collections*, 2 parts, Washington D. C., and Cambridge: Arthur M. Sackler Foundation and the Arthur M. Sackler Museum, Harvard University, part 1, 1990: 96-109. 青铜器不同的形制和纹饰可能会影响特定仪式中特殊时刻的选择，参见 Jessica Rawson, Late Shang Dynasty Bronze Ornament: Purpose or Meaning, in *The Problem of Meaning in Early Chinese Ritual Bronzes*, Roderick Whitfield ed., London: School of Oriental and African Studies, 1993: 67-95.

[24] 罗泰在 *Chinese Society* 第一章中用了很长的篇幅讨论关于礼制改革的问题。

[25] 李峰认为一定有某种"社会—文化变化"，但是很显然并不愿意根据礼制改革来讨论这一变化。*Landscape and Power*, 102.

[26] 郭宝钧：《商周青铜器综合研究》，文物出版社，1981 年。

[27] 这里所说的编钟是西周核心地区贵族从边地（主要是彊国），以及之前的湖南地区等引入的祭祀礼器。参见 Rawson, *Western Zhou Ritual Bronzes*, part 2, 245-247. 与南方的联系，可能是沿着河流发生的，这也反映在红玛瑙珠的分布上，例如湖北省叶家山的发现。关于这一点，下文中有讨论。

[28] 侯马所出纹饰模已经有广泛讨论，其更早形式还没有很多研究。在这一层面上，器形和纹饰的标准化有助于技术的发展。

[29] 极少考古报告会在青铜礼器取出时说明其组合方式，但是也有些报告会遵循罗森在 *Western Zhou Ritual Bronzes* Part 1, 98-101 中所使用的分析模式，例如 Jenny So, Innovation in Ancient Chinese Metalwork, in *China: 5000 Years*, ed. Howard Rogers, New York: Guggenheim Museum, 1998, pl. 75-88, fig 6。太原金胜村的青铜器保留了西周形制（存在一些差异），但是纹饰与侯马铸铜遗址的典型样式完全不同。

[30] Jessica Rawson, Novelties in Antiquarian Revivals: The Case of Chinese Bronzes, （《故宫学术季刊》）2004 年第 22 卷第 1 期。

[31] 关于早期礼器的微型复制器的最好例证，出土于北赵墓地 M93，见《文物》1995 年第 7 期，图 43。

[32] 这三件器物可参见陕西省考古研究院与上海博物馆编辑：《金玉华年：陕西韩城出土周代芮国文物珍品》第 90～99 页，上海书店出版社，2012 年。第四件簋（第 88～89 页），也一定是一件仿制器。同墓所出的觚，如目录中的第 37 件，虽然不是仿制器，但也是早期形式的孑遗。细腰身的觚在西周早期至中

期流行，但在当时，也试图在早期器形上有所创新。对于早期器物的大规模仿制铸作似乎是芮国的特别贡献。其他的例证如 M586 所出簋，以及本文中讨论的钺（见图二四）。

[33] 梁带村 M27 所出青铜器，参见孙秉君、蔡庆良：《芮国金玉选粹——陕西韩城春秋宝藏》第 11、10、39、41、42、51、98～100 器，三秦出版社，2007年。关于小鸟纹的母题，参考 Rawson, *Western Zhou Ritual Bronzes*, Part 2, No. 38, 360-67. 苏芳淑也认为梁带村卣是对早期器物的仿制，见《古物中的古物：早期中国如何看待过去》，《中国文化研究所学报》第 48 辑，2008 年。

[34] 窖藏情况，参考北京大学考古文博学院、北京大学古代文明研究中心编：《吉金铸国史——周原出土西周青铜器精粹》，文物出版社，2002 年。

[35] 李学勤：《论史墙盘及其意义》，《考古学报》1978 年第 2 期。

[36] Falkenhausen, *Chinese Society*, 58-64；李峰在研讨会上所做的书评，载 *Early China*, 2010-2011, 33-34: 290.

[37] 卢连成、胡智生：《宝鸡强国墓地》第 153、154 页，文物出版社，1998 年。宝鸡强国墓地另出土有很多不同寻常的物品，能够说明其与中原以外部族的联系。

[38] 北京大学考古学系商周组、山西省考古研究所编：《天马—曲村（1980～1989）》图 575、786，科学出版社，2000 年。

[39] Rawson, *Western Zhou Ritual Bronzes*, Part 2, 684-90.

[40] 山西省考古研究所等：《山西绛县横水西周墓发掘简报》，《文物》2006 年第 8 期。

[41] 关于大河口墓地已发表的有限材料，参考上文的注［17］。鼎有 13 件之多，与标准墓葬中的发现不同。极多的贝散落于墓中，可能最初属于某种挂饰。墓中还出土一件玉柄金器。前文已经提及了在大河口 M1 中出土有漆器人像，M6022 还出土一件金璜，是仿玉璜形。对金器的这种强调突出了墓主人与外族，尤其是西北的外族之间的联系。

[42] 陶簋，见《天马—曲村（1980～1989）》第 108～111 页。

[43] 夏玉婷讨论了 M1 所出器物，以及与其他组之间的关系，参见 The Tombs of the Peng Rulers and Relationships between Zhou and Non-Zhou Lineages in Northern China (up to the Early 9th Century BC), in *Lineages and Their Places*: *Newly Found Bronze Inscriptions from Early China*, ed. Edward Shaughnessy，待出版。

[44] 三足瓮在下文的最后部分有讨论。

[45] 李学勤在其《东周与秦文明》，第 461～462 页中对用鼎数量与不同贵族等级

之间的可能性关联给出了非常审慎的评论，指出使用晚期文献的危险（trans. K. C. Chang, New Haven, Conn., and London: Yale University Press, 1985）。俞伟超、高明在其《周代用鼎制度研究》（《北京大学学报》1978 年第 1 期第 84～98 页；1978 年第 2 期第 84～97 页；1979 年第 1 期第 83～96 页）中，检视了文献与考古材料。他们把后来的用鼎制度搬进西周早期的做法似乎难以成立。礼制变革后的贵族墓中鼎簋的数量与西周晚期和东周早期的等级制都不相符。M27 的芮伯随葬 7 鼎、5 簋，M28 中他的继任者随葬有 5 鼎、4 簋。在北赵晋国墓地，未盗扰的晋侯墓 M64 和 M8 有 5 鼎、4 簋，M91 的晋侯则有 7 鼎、5 簋。平均而言，晋侯墓地中的墓主比三门峡虢国墓地的墓主随葬鼎簋数量要少。然而，这一时期这种差别却很典型，那么，一定存在着对以大小递减的奇数鼎配以偶数簋来体现身份和地位的广泛认同，即使礼器组合与等级差异的对应关系尚未确立，或者是在周代礼俗早已消失许久之后才确立。

［46］在一些例证中，尤其是属于 M28 墓主人先辈的 M27，发现了大量珠子：387 件鱼，2135 件陶珠，6554 件红玛瑙珠，1657 件贝（《考古与文物》2007 年第 6 期）。一些有铃舌的小铃也属于这一组。最初发掘的时候，考古学家还没有把属于悬挂饰物的铃与那些车饰分开。然而，芮伯夫人墓 M26 中的悬挂饰物不见于报告，其第二位夫人墓 M19 中的悬挂饰物包括 609 件鱼、3910 件陶珠、1876 件玛瑙或红玛瑙珠子，603 件贝，869 件石仿贝（《考古与文物》2007 年第 2 期）。这里，芮伯夫人墓中随葬品的数量令人惊奇，但是她的随葬品中最珍贵的材料——红玛瑙和真贝——远比芮伯少。M28 的墓主人是 M27 的嫡系后裔，其身份略低，棺饰更少，有 318 件鱼、774 件石仿贝、39 件铃，（《梁带村 2010》第 101～102 页）。M35 是相对较小、没有墓道的墓，属于芮国地位略低的贵族，有 141 件青铜鱼、142 件石仿贝、418 件陶或费昂斯珠、7 件铃（《梁带村 2010》第 171～172 页）。

［47］黄翠梅：《文化·记忆·传记：新石器时代至西周时期的玉璜及串饰》，2012 年 6 月中国科学院第四届国际汉学研讨会论文。这种铃在天马—曲村的一个墓中大量发现，见《天马—曲村（1980～1989）》第 392 页，图 561。至于 M5189，这种形制的铃出现的要晚，像文中提到的很多其他例证一样，给人以早期习俗得到复兴的印象。

［48］发掘者根据《礼记》对梁带村的悬挂饰件所作讨论，参见《梁带村 2010》第 223～224 页。吉琨璋对棺饰有更详细的讨论，见其《西周椁棺装饰研究》，"商周考古、艺术与文化国际学术讨论会"（中国科学院 2013 年 6 月 4～5 日）论文。

［49］ 陈坤龙、梅建军、孙炳君：《梁带村两周墓地出土青铜器初步检测分析》，
《考古与文物》2009 年第 6 期。

［50］ 关于"荒帷"，见《梁带村 2010》第 223 页。山西绛县横水倗国墓地 M1 发现
的织物首先得到关注（《文物》2006 年第 8 期封面页和图 5～8）。

［51］ 根据传统的礼书，立柱被梁带村的发掘者定为"翣"（《梁带村 2010》第
221～223 页），这样的青铜碎片在很多遗址都有发现，已被讨论多年，例如
张长寿：《墙流与荒帷：1983～1986 年沣西发掘资料之五》，《文物》1992 年
第 4 期；也参见孙庆伟：《周代用玉制度研究》第 205～210 页，上海古籍出
版社，2008 年，书中在讨论偶尔包含在组合中的玉权杖形器的同时，也讨论
了不同遗址所出的大量立柱。

［52］ 一个晚些的例子可以表明西周晚期礼制的一些知识确实存留下来。尖头青铜
柱在公元前 4 世纪的河北中山墓中令人惊奇地再次出现。这些青铜器是铸造
的，因此比早期的更结实。当然我们并不清楚它们是否意图重复周人的形制，
如果确实如此，中山国是如何了解这些的呢？就像中山墓中也包括一件钺形
斧，具有商或周特点，可能中山的礼仪专家期望通过复古的方式强调他们
对于中原习俗的拥护和忠诚。河北省文物研究所编：《𰀀墓：战国中山国国王
之墓》卷 2 彩图第 1 页，文物出版社，1995 年。关于立柱，参见卷 2。斧子，
参见香港艺术博物馆编：《战国珍宝：河北中山国文化遗珍》36 器，香港艺
术博物馆，1999 年。中山国的始建者来自于中原之外。

［53］ 羊舌晋侯墓地被严重盗掘，在这里不做进一步讨论，《文物》2009 年第 1 期
第 4～14 页，图 26。

［54］ 邹衡：《天马—曲村（1980～1989）》。各墓葬，见卷 2，M6214（第 410～429
页）有精美的随身珠饰；很多墓有玉鱼，或贝鱼，或青铜鱼，以及贝和其他
贝壳，也见于 M6197（第 404～409 页）、M7052（第 529～531 页）。M5150 略
晚，其平面图标明了小件物品的典型分布（第 445～452 页）。

［55］ 有密切关系的墓地有洪洞永凝堡和闻喜上郭村，墓中出土有青铜鱼、珠子、
贝、青铜立柱的碎片，以及小的不常见的晋国典型礼器。见《三晋考古》
（第一辑）第 71、153 页（山西人民出版社，1994 年）。山西黎城也能见到用
于身体装饰的玉和红玛瑙，见国家文物局编：《2007 中国重要考古发现》第
40～45 页，文物出版社，2008 年。

［56］ 以下简报按发表的时间先后列出：《文物》1993 年第 3 期第 11～30 页，报告
了 M1 和 M2，M2 是女性墓，随葬有一件梯形牌，墓中应该有悬挂的珠子，还
有一件"大口尊"；《文物》1994 年第 1 期第 4～28 页，报告了 M6、M7、

M9、M13 和 M8。M6 和 M7 盗扰严重，但其他的保存完好。M8 提供了非常完整的女性墓随葬的青铜和饰以珠子的玉佩饰的清单。M8 的大型车马坑报告见于《文物》2010 年第 2 期第 4～22 页。M13 是接下来时代较早的墓，也有丰富的随葬品，但是报道较少；《文物》1994 年第 8 期第 4～21 页，描述了男性墓 M64 和他的两个夫人墓 M62 和 M63；M31 是女性墓，与 M8 为一对，在《文物》1994 年第 8 期 22～33 页，图 68 中有报道；M33（盗掘严重）和合葬墓 M91、M92、M93、M102 见于《文物》1995 年第 7 期第 4～39 页；M92 像 M1 一样有一个大口尊和一个三足瓮（见下文）；一对时代相对较早的墓，M113 和 M114，报告见于《文物》2001 年第 8 期第 4～21 页。M113 是其中的女性墓，有青铜版的双耳罐，与更早的甘肃陶罐相似，以及一件青铜三足瓮（见图一〇，1、2）。M113 也有一个梯形牌（或许是两个）以及被当作女性墓特征的珠子串饰（侯马工作站所见，2006 年）。北赵晋侯墓地青铜器的表格，见 Lothar von Falkenhausen, *Chinese Society*, 88, table 9。

[57] 晋侯及其夫人对于战车具有重要意义的贡献，在于创造了车马坑，Wu Hsiao-yun, *Chariots in Early China*, 93～100。

[58] 中国社会科学院考古研究所编：《张家坡西周墓地》（中国大百科全书出版社，1999 年）第 23 页，图 17；第 29 页，图 21。青铜鱼，见第 231 页，图 175：1～4，也见于《考古学报》1980 年第 4 期第 457～502、463 页，图 10，2：3。周原地区的玉鱼情况，见长安花园村，《文物》1986 年第 1 期第 1～31 页，图 51。玉和贝质鱼可能是青铜鱼的来源之一。然而，宝鸡强国墓地的早期例子可能表明了对鱼的趣味与内亚相同。见卢连成、胡智生：《宝鸡强国墓地》第 80 页，图 64。

[59] 刘运辉：《周原玉器》第 112 器，台北中华文物学会，1996 年。

[60] 三门峡的发掘主要分两个阶段，第二阶段所有墓葬发掘的完整报告尚未见到。中国科学院考古研究所编：《上村岭虢国墓地》第 23 页，科学出版社，1959 年；河南省文物考古研究所、三门峡市文物工作队编：《三门峡虢国墓地》卷 2 第 40 页，图 6；第 75 页，图 3；第 116 页，图 4；第 130 页，图 3；第 141 页，图 3；第 151 页，图 1～3；第 154 页，图 2，文物出版社，1999 年。还有一个墓葬的资料发表于《文物》2009 年第 2 期第 18～31 页。

[61] 关于应国的情况，见《华夏考古》1988 年第 1 期第 30～44 页。墓中包括青铜立柱的碎片，以及青铜鱼和青铜仿贝。权杖形礼仪用玉和琮也与芮和晋墓中的发现相同。郑国的情况，见《文物》2006 年第 4 期第 4～16、46 页，图 20、21，以及封面页，也展示了一些引人注目的金器。《文物》2009 年第 9

期第 21~42 页，图 43 是 M2 的平面图。鲁国的情况，见山东省文物考古研究所、山东省博物馆、济宁地区文物组和曲阜县文管会编：《曲阜鲁国故城》第 119 页，图 72；第 121 页，图 74；第 122 页，图 75，齐鲁书社，1982 年。图 74 是 M48 出土的一件仿陶青铜礼器，饰以波曲纹和弦纹（图 81），另外一件来自于上㐅村，《文物》1972 年第 5 期第 3~18 页，图 7：3；亦见于 Li Feng, *Landscape and Power*, 119~121。类似于陕西发现的大口尊的青铜仿制品，见于《文物》2007 年第 8 期第 4~27 页，图 8、9。这一现象与晋及其属国女性墓中选用仿陶青铜器同步。

[62] 北京市文物研究所：《琉璃河西周燕国墓地》第 94 页，图 1、2；第 101 页，文物出版社，1995 年；卢连成、胡智生：《宝鸡㲘国墓地》第 188~191、204 页。很多早期墓葬都透露出有小鱼尾，如《文物》2007 年第 8 期第 28~47 页，图 21。这些尾部可能属于由小的叶形牌构成的完整的鱼。类似物也发现于四川三星堆，见四川省文物考古研究所编：《三星堆祭祀坑》第 320 页，图 173，文物出版社，1999 年。如果这些确实是鱼，青铜鱼的使用可能是两种传统结合的产物。黄金在三星堆与金沙的大量使用是它们位于半月形边地的独特性。

[63] 《梁带村 2010》第 140 页，图 143；《上村岭虢国墓地》卷 2 第 23 页，图 9；《曲阜鲁国故城》第 91 页，图 6。

[64] 包括透雕剑鞘在内的工艺品组合透露出中原地区的北部和西部边地的信息，参见 Jessica Rawson, Western Zhou Archaeology, *The Cambridge History of Ancient China, From the Origins of Civilization to* 221 *BC*, in ed. Michael Loewe and Edward Shaughnessy, Cambridge: Cambridge University Press, 1999: 352-449, fig. 6. 17. 也见于山西省考古研究所编：《西周墓地》彩图 6~7，文物出版社，2009 年。

[65] M27 所出金器，见孙秉君、蔡庆良：《芮国金玉》第 57、59~72 器。

[66] 陈芳妹在《西北岗墓地艺术史研究的线索——管窥殷商王室工艺》（收入景智君、唐际根、高岛谦一：《多维视域——商王朝与中国早期文明研究》第 28~69 页，科学出版社，2009 年）一文中讨论了中原地区早期金器的使用情况。然而，包括金泡饰在内的很多例证，都是边民的典型器形。例如，平谷刘家河发现有商代耳环，具有典型的新疆和大草原特征，参见 Emma Bunker, Goldin the Ancient Chinese World: A Cultural Puzzle, *Artibus Asiae* 53, 1/2, (1993) : fig. 1. 也参见 Ursula Franklin, On Bronze and Other Metals in Early China, in *The Origins of Chinese Civilization*, David Keightley ed., Berkeley: University of California Press, 1983: 279-296.

[67] 朱中熹：《秦西垂陵区》，文物出版社，2004 年。

[68] 山西省文物局、北京大学考古文博学院、山西省考古研究所、上海博物馆编：《晋国奇珍：山西晋侯墓群出土文物精品》第 126 页，上海博物馆，2002 年；《三门峡虢国墓地》卷 2 第 12、46 页。

[69] 稀有的铁发现于公元前 8 世纪。很显然，这种新材料的兵器有着很高的地位。M27 芮伯有大草原文化特征的铁刃铜剑和典型的青铜周式戈，似乎也是铁刃（《考古与文物》2007 年第 6 期，图 19）。三门峡 M2001 的墓主人有件玉柄短剑，铁刃，以及一件镶松石（本身就是很稀有的物品）青铜戈也是铁刃（《三门峡虢国墓地》卷 2 第 11 页；Wu Guo, From Western Asia to the Tianshan Mountains: On the Early Iron Artefacts Found in Xinjiang, in *Metallurgy and Civilisation*: *Eurasia and Beyond*, ed. Jianjun Mei and Thilo Rehren, London: Archetype Publications, 2009: 107-115. ）。

[70] 《考古学报》1977 年第 2 期第 99~130 页。

[71] 《金玉华年》第 8 器。叶家山出土钺，见《江汉考古》2011 年第 3 期第 3~40 页，图 21。发现于南方墓葬中的这件钺，置于泡饰等其他物品的旁边，表明与西北或至少那一地区文化的某种联系。

[72] 《上村岭虢国墓地》第 23 页，图 1、2；第 40 页，图 2。对于早期铜镜的广泛讨论，见 Li Jaang, Long-Distance Interaction as Reflected in the Earliest Chinese Bronze Mirrors, in *The Lloyd Cotsen Study Collection of Chinese Bronze Mirrors*, 2 vols., ed. Lothar von Falkenhausen, Monumenta Archaeologica 25, Los Angeles: Cotsen Occasional Papers, UCLA Cotsen Institute of Archaeology Press, 2011, 2: 34-49.

[73] 《上村岭虢国墓地》第 23 页。

[74] Li Jaang, Long-Distance Interaction.

[75] 甘肃省文物考古研究所：《崇信于家湾周墓》彩图 5：1，文物出版社，2009 年。甚至早在商代的安阳花园庄 M54 中，就发现了锤制的盘的残片。中国社会科学院考古研究所：《安阳殷墟花园庄东地商代墓葬》第 92 页，彩图 55~57，科学出版社，2007 年。乳丁纹在内亚很典型。

[76] 关于梁带村 M27、M26 和 M19 所出例证的最佳说明，见孙秉君、蔡庆良：《芮国金玉》第 11、10、39、41、42、51 页。

[77] 黄翠梅认为珠子和璜的串饰有礼制或等级意义，见其《文化·记忆·传记》。

[78] 完整的串饰例子出土于 M8，参见《文物》1994 年第 1 期第 4~28 页，图 18、33、38。晋侯夫人 M31 的串饰，见《文物》1994 年第 8 期第 22~33、68 页，图 3、6、7。也见于 M62，《文物》1994 年第 8 期第 4~21 页，图 12、18、

19。成对的 M91 和 M92 的串饰，见《文物》1995 年第 7 期第 4～39 页，图 10、17。M27 中还出土一件没有垂饰的牌子，其为女性墓，表明这个女人可能曾拥有带这个牌子的串饰，《考古与文物》2007 年第 6 期第 19 页，图 26：3。

[79]　这些串饰最精美的照片，2011 年展出于中国国家博物馆，见《晋国奇珍》第 132～133 页。深圳博物馆、山西博物馆和山西省考古研究所编：《晋国霸业——山西出土良渚时期文物精华展图录》第 34～35 页，文物出版社，2008 年。

[80]　山东的例子见于长清仙人台，见《考古》1998 年第 9 期第 779～803 页，彩图 1。

[81]　刘云辉：《周原玉器》第 29、133、140、171、232 器。

[82]　琉璃河 95F15M2 墓主的头部与装饰，表明珠子和贝绕着墓主的颈部。报告很简单，珠子的材料没有特别说明，仅部分笼统地提到是红玛瑙。很可能它们是由红玛瑙、骨或替代的费昂斯的混杂组成。见《文物》1996 年第 6 期第 16～27 页，图 6。

[83]　有关刘台子出土红玛瑙珠情况，见《文物》1996 年第 12 期第 4～25 页。

[84]　叶家山所属时代的报告见《江汉考古》2011 年第 3 期第 3～40 页；《文物》2011 年第 11 期第 4～60 页。

[85]　叶家山 M27 出土有着精美饕餮纹和钩状扉棱的青铜器，《文物》2011 年第 11 期第 4～60 页，图 12。与随州羊子山鄂国所出青铜器相似（随州市博物馆编：《随州出土文物精粹》第 25～27 页，文物出版社，2009 年）。两者都可以与四川彭县竹瓦街所出青铜器相比，参见：Robert Bagley, *Ancient Sichuan: Treasures from a Lost Civilization*, Princeton, N. J.: Seattle Art Museum and Princeton University Press, 2001, 181-187. 四川和湖北所出青铜器可能是对于商晚期和西周早期在河南和陕西省明显流行的过分华丽的青铜器类型的地方性演绎。

[86]　早期的串饰发现于北赵 M113，但是尚未见诸报道，个人资料。

[87]　《文物》1994 年第 8 期第 4～21 页，图 25、26、28、31～33；《晋国奇珍》第 170～193 页。也见于属于西周中期的茹家庄㢴国墓地女性墓 M1 所出玉雕，见卢连成、胡智生：《宝鸡㢴国墓地》第 343 页，图 236。㢴伯随葬一些类似的随葬品。

[88]　《考古与文物》2007 年第 6 期第 2～22 页，图 22、27；孙秉君、蔡庆良：《芮国金玉》第 2～7 页。

[89]　Li Feng, *Landscape and Power* 第 133 页，大簋铭文提到了赏赐玉牌。

［90］Stephen Greenblatt, *Renaissance Self-Fashioning*: *From Moore to Shakespeare*, Chicago: University of Chicago Press, 1980: 28-30. 文中描绘了极端的都铎王朝国王和大臣们会热情款待并尊崇来访使节。

［91］黄翠梅在《文化·记忆·传记》一文中，特别探讨了有狭长口的铃、珠子和玉璜的组合是从河西走廊传入渭水流域的。

［92］童恩正：《试论我国从东北至西南的边地半月形文化传播带》，《文物与考古论文集：文物出版社成立三十周年纪念》，文物出版社，1986 年。

［93］Li Yun, A Reexamination of the Relationship between Bronzes of the Shang Cultures and of the Northern Zone, in *Studies in Shang Archaeology*: *Selected Papers from the International Conference on Shang Archaeology*, ed. K. C. Zhang New Haven, Conn. , and London: Yale University Press, 1986: 237-273.

［94］Immanuel Wallerstein, *The Modern World System*, 3 Vols, NewYork and Oxford: Academic Press, 1974, 1980, 1989）.

Andrew Sherratt, What Would a Bronze-Age World System Look Like? Relations between Temperate Europe and the Mediterranean in Later Prehistory, *Journal of European Archaeology* 1, 2 (1993) : 1-57.

Jane Schneider, Was There a Pre-Capitalist World-System? *Peasant Studies* 6, 1 (1977) : 20-29.

［95］Jianjun Mei, Early Metallurgy in China: Some Challenging Issues in Current Studies, in Jianjun Mei and Thilo Rehren eds. , *Metallurgy and Civilisation*: *Eurasia and Beyond*, London: Archetype, 2009: 9-16.

［96］这一观点在黄翠梅《文化·记忆·传记》一文中有充分的讨论。

［97］河北省文物研究所编：《藁城台西商代遗址》第 90 页，文物出版社，1985 年。

［98］商代长城南部地区罕见珠子出土，反映了周以前这种珠子材料的缺乏。然而，妇好从不同地区积聚上等玉，可能也已经通过同样的行为获得珠子。她也与大草原有联系，这一点颇有争议。见中国社会科学院考古研究所：《殷墟妇好墓》彩图 36：2，文物出版社，1980 年，也见 Katheryn Linduff, Women's Lives Memorialized in Burial in Ancient China at Anyang, in *The Pursuit of Gender*: *Worldwide Archaeological Approaches*, ed. S. Nelson and M. Rosen-Ayalon, Walnut Creek, Calif.: Alta Mira Press, 2002: 257-87. 至于北方所出珠子，见中国社会科学院考古研究所编：《大甸子——夏家店下层文化遗址与墓地发掘报告》彩图 19，科学出版社，1996 年。

[99] 高加索的几个遗址出土有这样的隔珠。在凯斯坡斯奇（Caspskij）遗址，发现贝、费昂斯隔珠、青铜鱼。见 M. Baramidze, Caspskij Mogil'nik, *Materialy po Arkheologii Gruzii i Kavkaza* 4 (1965) : 31-66. 黄金饰品出土于伊朗的马利克，见 Ezat O. Negahban, *Marlik: The Complete Excavation Report*, 2 Vols. Philadelphia, Pa.: University Museum, University of Pennsylvania, 1996, Vol. 2, pl. 76.

[100] 有着突起或疣状突起的费昂斯珠广泛地见于堪萨斯和乌拉尔的南部，以及大草原黑海地区的青铜器时代中期的报告。最常见的形制是短的圆形饰物或圆柱形珠子，有着两个、三个或四个突起。见 R. A. Mimokhod, Pogrebeniya Finala Srednej Bronzy v Volgo-Ural'e I Nekotoryj ProblemyRegionl'nogo Kul'turogeneza, *Donetskij Arkheologihnij Zbirnik* 13 (2009) : 67-82. 长的、圆柱体的珠子有多条线的突起，很不同寻常，但是也发现于这一地区的几个遗址。堪萨斯北部出土最多。参见：K. Kh. Kushnareva and V. I. Markovin, eds., *Yepokhi Bronzy Kavkaza I Srednej Azii: Rannyaya I Srednyaya Bronza Kavkaza*, Moscow: Nauka, 1994, fig. 93, items 11, 12.

[101] Zhang Zhiguo and Ma Qinglin, Fiance Beads of the Western Zhou Dynasty Excavated in Gansu Province, China: A Technical Study, in *Ancient Glass along the Silk Road*, *ed. Gan Fuxi*, Robert H. Brill, and Tian Souyun, Singapore: World Scientific Publishing Co. Pte. Ltd., 2009: 275-89.

[102] 甘肃省文物考古研究所，北京大学考古文博学院编：《河西走廊史前考古调查报告》第 355 页，图 227；第 391 页，图 254；第 395 页，图 258；彩版 15 页，6、7（文物出版社，2011 年）。金耳环呈钩子形，尾端是平的，在半月形带很典型，见中国社会科学院考古研究所：《大甸子》第 190 页，图 86：6。青铜的例子分布更广，可能参考了西伯利亚西斯贝加尔（Cisbaikal）地区的格拉兹科沃（Glazkovo）文化墓地出土的类似的青铜耳/额饰，见 A. P. Okladnikov, *Neolit i Bronzovyj Vek Pribajkal'ya (Glazkovskoe Vremya): Materialy i Issledovaniya po Arkheologii SSSR No. 43*, Moscow: Nauka, 1955. 金和青铜的喇叭形耳/额饰与安德罗诺夫（Andronovo）文化有很广泛的联系，见 E. E. Kuz'mina, *The Origin of the Indo-Iranians*, Leiden and Boston: Brill, 2007, figs. 33, 110.

[103] 本人向 Dr. Natalia Shishlina 致谢，2012 年 3 月与 Dr. Peter Hommel（彼得·霍梅尔博士）前往访问时，使我们有机会观摩出土材料，包括一些小的费昂斯和红玛瑙珠子的串饰，以及国家历史博物馆（莫斯科）的青铜时代的藏品。

[104] 2008 年在哈密博物馆展出了这些珠子，本人拍摄了照片。也见于韩建业：

《新疆的青铜时代和早期铁器时代文化》第 105 ~ 106 页，文物出版社，2007 年。

[105] 青海省文物管理处考古队、中国社会科学院考古研究所编：《青海柳湾：乐都柳湾原始社会墓地》卷 2，文物出版社，1984 年。

[106] 柯鹏、杨石柱：《中国古代用贝起源的新研究》，《中国—柏拉图主义论文》68，1995 年。在很多遗址中，尤其是天马—曲村的墓葬中，贝与其他的贝类一起发现。我们追求这一研究方向的一个原因在于贝壳在西伯利亚也是流行的饰品，石仿贝发现于西伯利亚东部的卡拉苏科（Karasuk）文化，参见：M. P. Gryaznov and M. N. Komarova, *Otchyot o Rabotakh 1962 g.(Karasukskij Otryad)*, Leningrad: Archives of the Institute of Archaeology Russian Academy of Sciences (R-1 d. 2484), 1963; 和 N. L. Chlenova, *Kronologiya Pamyatnikov Karasukskoj Yepokhi*, Moscow: Nauka, 1972. 李江在讨论甘肃河西走廊镜子起源的文章中引用了这一观点。她引用了甘肃林家的发现作为由西扩散的论据，见 Li Jaang, Long-Distance Interaction, 2: 24 ~ 49. 李江讨论了中亚 BMAC 文化的路线，采用了胡博（Louisa Fitzgerald Huber）的观点。Louisa Fitzgerald Huber, Qijia and Erlitou: The Question of Contacts with Distant Cultures, *Early China* 20 (1995): 17-67.

[107] 东亚来源的讨论，见李凯：《先秦时代的"海贝之路"》，《青海社会科学》2010 年第 1 期；Kakinuma Yōhei, In Shū jidai ni wakeru kahei bunka to sono 'kioku', in *Higashi Ajia kodai shutsudo moji shiryō no kenkyū*, ed. Kudō Motoo and Yi Sŏng-si, Tokyo: Yūzankaku, 2009: 4-46.

[108] Negahban, *Marlik*, 75 页。尽管直接的交流似乎不可能，像在伊朗、高加索的很多遗址一样，马利克也有丰富的红玛瑙珠。所出权杖头与甘肃四坝文化所出那件有名的相似，第 117 页，图 644。还有，第 91 页小的铜泡被认为是扣子，与徐家碾寺洼文化所出相似，见中国社会科学院考古研究所编：《徐家碾寺洼文化墓地》第 81 页，科学出版社，2006 年。该地区另外一个有趣的遗址是凯斯坡斯奇墓地，贝、青铜鱼、隔离珠、石珠一起出土，见 Baramidze, *Caspskij Mogil'nik*, pl. 6.

[109] 黄翠梅：《文化·记忆·传记》第 26 ~ 31 页。

[110] 罗森在"Carnelian Beads"一文中引用了该例证。费昂斯珠也经常是双锥形，无论是在西亚和中国，可能续用了红玛瑙的例子。

[111] 关于印度产红玛瑙珠的技术的讨论，见 Jonathan M. Kenoyer, Trade and Technology of the Indus Valley: New Insights from Harappa, Pakistan, *World Archaeolo-*

gy 29, 2 (1997) : 262-80.

[112] 印度所出珠子表明不同尺寸的钻头被用于制作单个的钻孔。材料是用厄内斯特·麦克凯 Ernest Mackay 的名字命名的，他第一次描述了一些钻头的作用，M. Vidale, Some Aspects of Lapidary Craft at Moenjodaro in the Light of the Surface Record of the Moneer South East Area, in *Interim Reports Vol.* 2: *Reports on Field Work Carried Out at Mohenjo-Daro, Pakistan, 1983-1984*, *IsMEO-Aachen-University Mission*, ed. M. Jansen and G. Urban (Aachen: IsMEO-Aachen, 1987) , 113-50. 维达尔（Vidale）把它描述成一种变质岩，现在被认为可能是一种坚硬的白土石，属于一种硬的黏土岩，可能有意地高温处理（正如许多其他的赫拉帕材料），参见：R. W. Law, Inter-Regional Interaction and Urbanism in the Ancient Indus Valley: A Geologic Provenience Study of Harappa's Rock and Mineral Assemblage, Ph. D. diss., University of Wisconsin, Madison, 2008. 对这一位置的综合矿物学解释（R. W. Law 讲座，2008 年）复杂难懂，但也很可信。不是印度所有制作珠子的遗址都使用这一材料，一些使用碧玉（微晶石英）和其他材料。

[113] Negahban, *Marlik*, pl. 60.

[114] 襄阳文物考古研究所编：《余岗楚墓》卷 2，彩图 51 页：3，科学出版社，2011 年。

[115] Mei Jianjun, Some Challenging Issues.

[116] 陈昭容：《从青铜器铭文看两周夷狄华夏的融合》；Khayutina, Marital Alliances.

[117] 苏芳淑在 2012 年 8 月上海艺术博物馆所作讲座，引用了从巴尔干和黑海地区所出的例子，她认为隔珠的概念来自于西方，见苏芳淑：《陕西韩城梁带村出土青铜器、黄金与玉饰》，《陕西韩城出土芮国文物及周代封国考古研究：国际学术研讨会文稿》卷 2，上海博物馆，2012 年。

[118] V. F. Gening, G. B. Zdanovich, and V. V. Gening, *Sintashta: Arkheologicheskie Pamyatniki Arijskikh Plemen Uralo-Kazakhstanskikh Stepej*, Chelyabinsk: Southern Ural Press, 1992, e. g. 193, fig. 99.

L. Koryakova and A. Epimakhov, *The Urals and Western Siberia in the Bronze Age and Iron Ages*, Cambridge: Cambridge University Press, 2007, 137, fig. 3. 1. 对于这些女性头部、脸部装饰的位置的综合研究，参见 E. Kupriyanova, *Ten' Zhenshina: Zhenskij Kostyum Yepokhi Bronzy Kak 'Tekst'*, Chelyabinsk: Avto Graf, 2008; and Ye. R. Usmanova, *Kostyum Zhenshchiny Yepokhi Bronzy Kazakhstana: Opyt*

Rekonstruktsij, Lisakovsk: Lisakovsk Museum of History and Culture in the Upper Cis-Tobol' Region, 2010. 作者在文中引用了广泛的考古和人种的例证，说明这种复杂的头饰和发饰广布的遗产和影响仍能在哈萨克斯坦和欧亚中部一些地区传统服装的样式中见到。梯形牌串饰可能在这种发饰中得到延续或重新解读。

[119] 对于这一现象，本文关注了宝鸡的例子，参考本人 Miniature Bronzes from Western Zhou Tombs at Baoji in Shaanxi Province（《陕西宝鸡西周墓所出微型青铜器》），"中央研究院" 2013 年 1 月 4 ~ 5 日，在举行的 "商周考古、艺术与文化国际学术讨论会" 上宣讲，14 - 1 - 14.8。论文集将在 2013 年底正式出版。

[120] 黄翠梅：《文化·记忆·传记》第 28 ~ 30 页引用这种陶器把寺洼文化与陕西北麓先周文化联系起来。

[121]《晋国奇珍》第 60 页。

[122] 陈芳妹的观点，见《晋侯墓地青铜器所见性别研究的新线索》（《晋侯墓地出土青铜器国际学术研讨会论文集》，上海书画出版社，2002 年），以及《商周 "稀有" 青铜器类的文化意涵：所谓 "边缘" 文化研究的意义》（《美术史研究集刊》第 19 期，2005 年）。

[123] 赛克勒藏品中有一件西周中期的三足瓮，见 Rawson, *Western Zhou Ritual Bronzes*, part 2, 684-690, No. 116. 本文讨论了与西周晚期和东周早期有锥状足及流的青铜器的交流。此类混合似乎是一种将外来形制融入周礼器传统的方式。

[124] 非常感谢有机会读到夏玉婷关于佣国墓地的未刊文章，文中对于诸如三足瓮等陶器做了全面讨论。见其 The Tombs of the Peng Rulers and Relationships between Zhou and Non-Zhou Lineages in North China (up to the Early Ninth Century BC)。

[125] 陕西扶风武津西村窖藏（《文物》2007 年第 8 期）有两件青铜大口尊，上面有长篇铭文。夏玉婷把这些有铭尊与一组琱生器系联起来，尽管琱生是周贵族的一员。她还讨论了窖藏所出尊与三足瓮，认为这些器形结合了在佣的发现，因此这个窖藏可能是由非周家族埋藏的。见其 Marital Alliances, 30-34。

[126] Li Feng, *Landscape and Power*, Ch. 3.

[127] Rawson, The Han Empire and Its Northern Neighbours: The Fascination of the Exotic, in ed. James Lin, *The Search for Immortality*: *Tomb Treasures of Han China*, ed. James Lin, New Haven, Conn., and London: Yale University Press, 2012, 23-36.

［128］一些青铜器，例如文中提到的钺（图二四）和有镂空鞘的短刀等兵器，出现
　　　　于强、燕等西部和北方的遗址，表明一条共同的线索在广大地区内把它们系
　　　　联起来。燕和强也有其他相同的兵器器形，包括吸收了典型的西伯利亚钺形
　　　　制特点的銎斧；吸收了矛的特点的戈，参考 Rawson, Western Zhou Archaeolo-
　　　　gy, 412, fig. 6: 17. 能够说明周边地区与周贵族联系的两个早期西周遗址是灵
　　　　台白草坡和北京昌平。钺、銎斧，以及复杂的戟与白草坡出土的泡饰和刀子
　　　　相配，在昌平，我们发现了一个几乎没有礼器，但是有着类似复杂程度的北
　　　　方兵器的外族墓葬。见《考古学报》1977 年第 2 期第 99～130 页；《考古》
　　　　1976 年第 4 期第 246～258、223 页。

［129］引自 Wen Fong ed., *The Great Bronze Age of China: An Exhbition from the People's
　　　　Republic of China*, New York: The Metropolitan Museum of Art, Alfred A. Knopf,
　　　　Inc., 1980, No. 42.

［130］似乎可以把汉人将新习俗视之为传统的评价与霍布斯鲍姆所论及的传统的发
　　　　明做一比较，参见 Eric Hobsbawm, Introduction: Inventing Traditions, *The Inven-
　　　　tion of Tradition*, in Eric Hobsbawn and Terence Ranger ed., Cambridge: Cambridge
　　　　University Press, 1983: 1-14.

Ordering the Exotic: Ritual Practices in the Late Western and Early Eastern Zhou

Jessica Rawson

The paper considers two very different trends in Western Zhou material cul-
ture. The first of these is the introduction of materials and artefacts from outside the
Central Plain into the Western Zhou repertory. These include gold ornament, such
as belts and carnelian beads, which were combined to make elaborate hangings for
women to wear and to decorate burial chambers. Both of these can be traced to a
steppe origin. There gold was much more significant than in the central Plains, and
the same applies to beads. The other major trend in the Western Zhou was to incor-
porate such exotic materials within the full ritual system, as manifested in buri-

als. The paper examines the tombs of the Rui state at Hancheng, where coffin structures and bronze ritual vessels represent a central Plain tradition but where the gold and beads indicate close affiliation with the borderlands also. This combination is seen at other times in Chinese history and introduces an important feature of the ways in the peoples of the Central plains constructed a continuous culture while at the same time allowing for change and variation.

中国早期冶金术：当前研究面临的挑战[*]

梅建军

（北京科技大学冶金与材料史研究所　剑桥李约瑟研究所）

一　引言

金属与合金使用的开始是探讨早期中国文明兴起与演进的关键课题之一，也是过去几十年来冶金考古学家与汉学家们持续关注的问题。20 世纪 50 年代以前，学界（尤其是西方学者们）普遍认为中国冶金术是外来的[1]。20 世纪 60 ~ 80 年代初，尽管一部分学者依然坚持外来说，认为"不可能轻而易举地'凭空'发明出冶金术"[2]；但是基于中国尤其是甘肃—青海地区早期金属的考古新发现，越来越多的学者开始主张冶金术在中国是独立起源的[3]。

1986 年，在郑州召开的第二届"金属及其合金的早期使用"学术会议上，穆利（Muhly，J. D.）就冶金术在中国的发端做了如下的评论[4]：

过去数十年的工作所取得的成果，使中国铜及青铜冶金发展史上长期缺失的形成阶段得到了坚实的记录。现在，冶金术在中国的发端已表明与我们在古代世界其他地区所看到的并无明显差异。这没有证明或者反对冶金术在东亚独立发明的观点，但却把争议置入一个更具论证性的框架之中，而且应该永久性地推翻了中国与西方在早期冶金技术发展方面截然不同（并因此分道扬镳）的主张。

---

　　* 本文为中华文明探源工程项目（2006BAK21B03）的阶段性成果。本文由周芸译，张经校。

从做出该评论距今已有二十年了，我们现在是否能够做出新的判断呢？我们对冶金术在中国出现的研究又有哪些新的进展呢？

笔者认为，至少有四个方面的进展需要引起我们的重视。首先，在大量新的考古发现和冶金分析的基础上，对中国西北部甘肃—青海地区金属的早期使用产生了新的认识；其次，开始对新疆地区的早期铜与青铜冶金进行系统考察，这一地区在此前中国早期冶金术研究中是被忽视的；第三，对中原地区河南二里头遗址新近发掘的约公元前第二千年前半段的冶金遗物展开研究；最后，是对中国北方地区的朱开沟和夏家店下层文化中早期金属所进行的冶金考古研究。

本文将简要回顾这些新进展，并探讨其对我们当前认识和研究中国早期冶金术有何帮助。鉴于越来越多的证据表明中国西北地区与欧亚大草原之间存在早期文化互动，本人将提出并讨论与中国铜和青铜冶金早期发展相关的几个挑战性问题。最后，本文将对未来可能的研究方向做简要讨论。

二　中国早期冶金术：研究进展

过去 20 年里，中国早期冶金术的研究在三个方面取得了显著进展：第一，在甘肃—青海、新疆、中原和北方地区出土的早期铜器与青铜器数量不断增加；第二，学者们对这些早期金属器物进行了广泛的科学分析，获取了新的分析数据，为明确中国早期冶金术的特质提供了至关重要的证据；第三，学者们日益认识到中国西北地区和欧亚大草原之间存在着文化交流或互动，更深刻认识到大草原地区对中国西北早期冶金术发展的影响。

1. 甘肃—青海地区发现的早期铜器与青铜器

20 世纪 80 年代初期，随着众多与马家窑文化（公元前 3300～前 2650 年）、马厂文化（公元前 2300～前 2000 年）、齐家文化（公元前 2200～前 1800 年）相关的金属器被测定为铜、锡青铜或铅锡青铜器，甘肃—青海地区对中国早期冶金术研究的重要性变得更加明显[5]。此后，在该地区的宗日、总寨、沈那、齐家坪、新庄坪、杏林、东灰山、火烧沟、鹰窝树和干骨崖等遗址中，大量的金属器包括铜器与青铜器相继出土。这些器物属于齐家文化和四坝文化（公元前 1950 ~ 前 1550 年），大部分是刀、斧、锥、矛、钏饰、铜泡、牌饰、环和镜子等小型工具、武器和饰品[6]（图一、图二）。很多器物与在欧亚草原发现的金属器在类型学上有很明显的相似性，因此学者们认为两个地区之间可能存在文化上的联系[7]。青海沈那遗址出土的矛可能是这种类型学比较上最具代表性的例子。该矛长 61 厘米，銎一侧有个向下的弯钩，另一侧有个小环，这一独特形制与南西伯利亚发现的与塞伊玛 – 图宾诺现象相关的矛惊人的相似[8]（图三）。

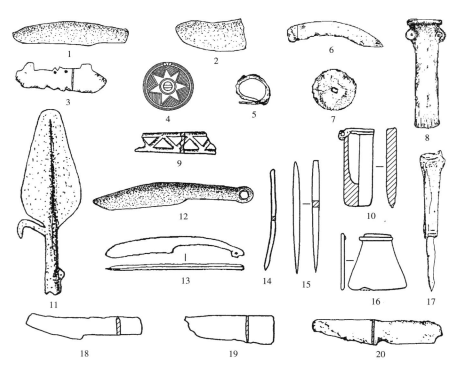

图一　甘肃、青海马家窑、马厂和齐家文化遗址出土铜器和青铜器

1 ~ 3、6、12、13、18 ~ 20. 刀　4、7. 镜　5. 环　8、10. 斧　9. 手柄　11. 矛　14、15. 锥　16. 锛　17. 骨柄刀（1、2. 取自孙淑云和韩汝玢《甘肃早期铜器的发现与冶炼制作技术的研究》文中图 1、图 3，《文物》1997 年第 7 期；3 ~ 10、13 ~ 20. 取自 Debaine – Francfort, C., Xinjiang and Northwestern China around 1000 BC: Cultural Contacts and Transmissions 文中图 49、61、71；11 和 12 根据照片绘制）（1. 马家窑文化林家遗址出土，2. 马厂文化蒋家坪遗址出土，3 ~ 20. 齐家文化不同遗址出土器物）

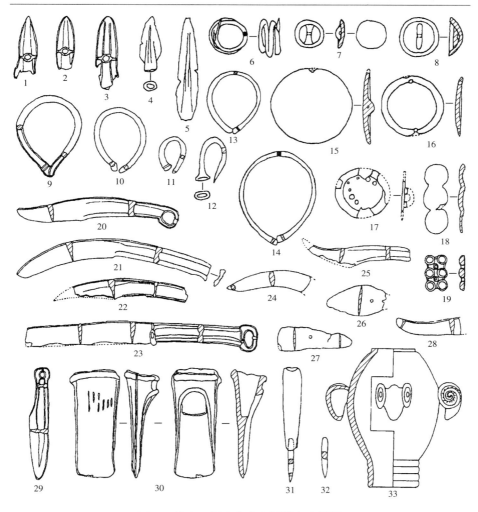

图二　甘肃四坝文化出土铜器和青铜器

1～5. 镞　6. 环　7、8. 铜泡　9～14. 耳饰　15～19. 饰件　20～29. 刀　30. 有銎斧　31、32. 锥　33. 四羊首权杖头（取自白云翔：《中国的早期铜器与青铜器的起源》图3，《东南文化》2002年第7期）

　　过去20年里，中国早期冶金术研究在甘肃地区取得的另一项重大进展是在与四坝文化相关的金属器物中，鉴别出了相当数量的砷铜器。根据孙淑云等得出的检测结果，在东灰山遗址出土的15件铜与青铜器中，有12件是砷铜；而检测的46件干骨崖遗址器物中，有10件被鉴定为砷铜[9]。之前对火烧沟金属器物的检测没有发现砷铜；然而，近期在对该遗址出土的26件金

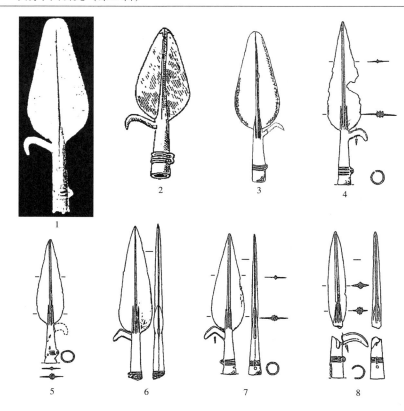

图三　中国和西伯利亚发现的铜与青铜矛

1～3. 中国　1. 青海沈那遗址出土　2. 陕西历史博物馆藏品　3. 山西博物院藏品　4～8. 西伯利亚
南部（1、3. 根据照片绘制；2、4～8. 高滨（Takahama, Shu.）2000，图3，具体出处见本文注释［8］）

属器的检测中，发现有6件是砷铜，还有2件是铜锡砷合金[10]。发现甘肃
河西走廊使用砷铜的新证据，使我们对这一地区早期冶金术的认识取得了
根本性的转变[11]，也提供了进一步的证据支持穆利的观点："现在冶金术在
中国的开始已表明与我们在古代世界其他地区所看到的并无明显差异"[12]。

2. 新疆地区的早期冶金术

20年前，我们对新疆地区的早期冶金几乎一无所知，但现在已经积累
了大量考古和冶金方面的数据和资料。迄今为止，已对400多件新疆出土的
铜器和青铜器做了冶金学检测，其中150件可追溯到公元前第二千年的前半
段，它们大部分是在新疆东部的哈密天山北路墓地出土的。该墓地出土的

铜器、青铜器类型多样，包括刀、锥、斧、管、耳环、镯、镜、珠子、泡、牌饰、短剑和镞（图四、五）。同时还在该地区发现了少量的金银饰物[13]。

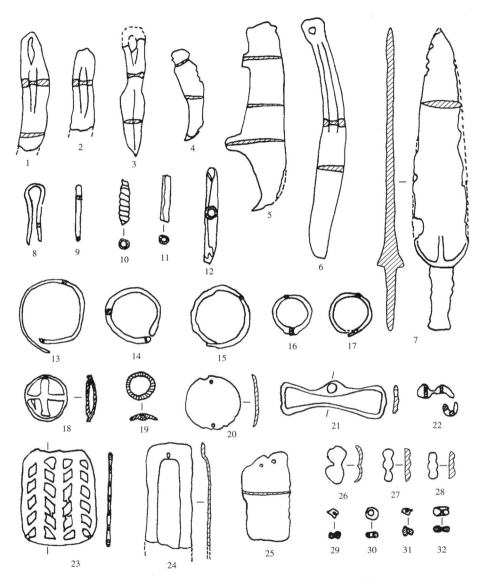

图四　新疆哈密天山北路墓地出土的铜器和青铜器

1、2、4~6. 刀　3　3、7. 短剑　8~32. 环、牌饰、泡、管及其他小型饰件、工具（选自北京科技大学冶金与材料史研究所：《新疆哈密天山北路墓地出土铜器的初步研究》图一，《文物》2001 年第 6 期）

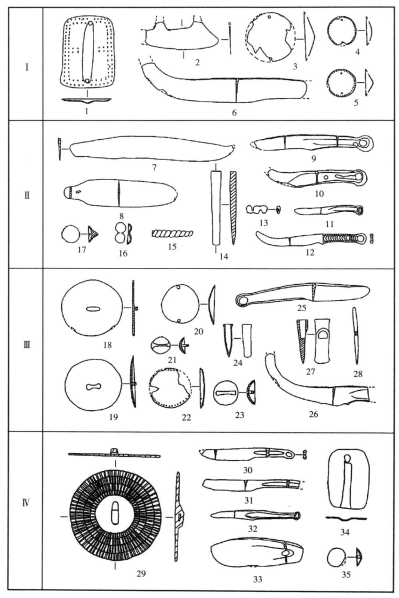

图五　新疆哈密天山北路墓地出土的铜器和青铜器

（从第一期到第四期按时间顺序排列）

1、3～5、13、15～23、34、35. 牌饰、泡和其他饰件　2、6～12、25、26、30～
33. 刀、镰、短剑　14、24、27、28. 锥、斧　29. 镜（选自吕恩国等：《新疆青铜时
代考古文化浅论》图一五至一八，《苏秉琦与当代中国考古学》，科学出版社，2001 年）

　　在科学检测的基础上，关于新疆早期冶金术已经形成了一个初步的全新的认识。首先，锡青铜的使用在新疆不晚于公元前第二千年初期，并且成为新疆整个青铜时代（公元前第二千年）的主要金属材料。锡青铜在新疆的出现和早期使用可能是受到欧亚草原文化，如安德罗诺沃文化的影响[14]。第二，从公元前第二千年初期，砷铜也成为新疆东部地区使用的另一种重要铜合金。新疆东部五堡墓地两件铜器的检测结果表明，砷的含量达到了 3% ~4%，这是在新疆使用砷铜的最早例证[15]。第三，对天山北路89 件金属器物的检测分析结果显示，其中 61 件为锡青铜，11 件为铜，9 件为砷铜合金，4 件为铜锡砷合金，另外 4 件为其他合金，证实锡青铜占主导地位以及砷铜明显存在[16]。砷铜在新疆东部的使用很可能在某种程度上与甘肃河西走廊的发展有关，但由于火烧沟和天山北路两处考古遗址的发掘报告尚未正式发表，这种关联的背景依旧是相当模糊的，有待进一步的考察。

　　鉴于新疆地区在沟通河西走廊与南西伯利亚方面起着至关重要的作用，因而它在中国西北早期冶金术起源上所起的重要作用也越来越清晰[17]。在史前的"丝绸之路"（即河西走廊）上很可能早就存在文化的双向传播——当彩陶由东向西从甘肃传播至新疆时，青铜技术也在反方向传播[18]。由于新疆和甘肃—青海两个地区在早期铜与青铜的使用方面有着诸多相似之处和紧密联系，因此在讨论与中原早期冶金术的关系时，有必要把中国西北地区看作一个整体来研究。

3. 二里头：中原地区的早期青铜冶炼术

　　尽管考古发现了一些与仰韶文化、龙山文化相关的冶金遗物，其年代可以追溯到公元前第五到第三千年，但是中国中原地区早期青铜冶金最有力的证据来自河南二里头遗址（大约公元前 18 ~ 前 16 世纪）。在这里发现了礼仪性容器、刀、锥、戈、镞、牌饰和泡，以及铸模、坩埚和炉渣等[19]（图六）。青铜容器和范铸技术的出现，标志着中国早期青铜冶金进入了一个新时代。

　　20 世纪 90 年代晚期以来，研究者们为了揭示二里头冶炼遗物的技术特点，对其做了大量的科学研究。曲长芝和张日清对该遗址出土的 32 件金属器物做了检测[20]，发现这些器物用各种不同的金属制成，如铜锡铅合金

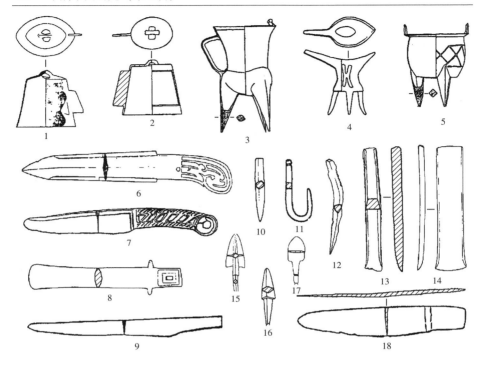

图六　中国中部河南偃师二里头遗址出土铜器

1、2. 铃　3～5. 容器　6. 戈　7、9、18. 刀　8. 斧　10～14. 小型工具　15～17. 镞

（选自白云翔：《中国的早期铜器与青铜器的起源》图七～九、一一，《东南文化》2002 年第 7 期）

（14 件）、铜铅合金（9 件）、铜锡合金（5 件）、红铜（3 件）和铅（1 件）。金正耀报告了对 13 件出自二里头遗址铜器的分析结果[21]，表明使用了铜锡铅合金（4 件）、铜锡合金（4 件）、红铜（4 件）和砷铜（1 件）等材料。值得注意的是，在这 13 件器物中，所有礼仪容器都是用铜锡铅合金制成的，表明当时人们很可能有意识地选择这种合金用来铸造青铜容器。另外铜砷合金的出现同样值得关注，因为铜砷合金在公元前第二千年前半段的中国西北地区广泛使用，而在中原地区却似乎很少见，故它的存在在某种程度上提示着两个地区之间文化交流的迹象[22]。

　　依据梁宏刚和孙淑云的研究[23]，迄今为止在二里头遗址发现的金属器物已超过 200 件。其中约有 20 件为青铜容器，清楚地表明当时该地区礼仪容器越来越受到重视。近些年，梁宏刚对该遗址出土的冶炼遗物做了系统的研究[24]。这些研究成果（即将发表）有望进一步揭示二里头青铜冶金与其他地区早期冶金术截然不同的发展路径及其原因。

4. 中国北方地区的早期冶金术

与20世纪80年代中期相比，近20年来对中国北方地区出土的早期金属器物的研究取得了显著的进展，特别是对内蒙古朱开沟和大甸子两处遗址出土金属器物的检测。这两处遗址的年代均可追溯到公元前19～前15世纪。

朱开沟遗址可划分为五期，第一期属龙山文化晚期，第二、三、四期分别为夏代早、中、晚期。铜和青铜器在第三期（公元前18世纪）开始出现，三、四期共出土器物25件。这些金属器物主要为小型工具和饰件，如针、凿、锥、镞、手镯、指环和耳环等[25]（图七）。李秀辉和韩汝玢检测

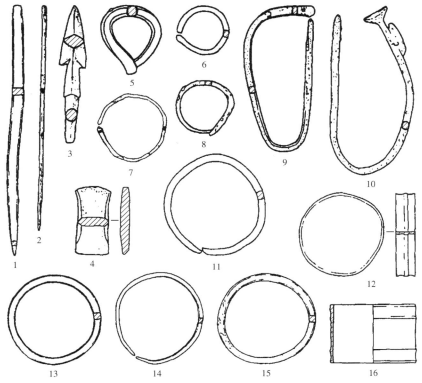

图七　中国北部内蒙古出土的朱开沟文化铜器和青铜器
1. 锥　2. 针　3. 镞　4. 凿　5、6、8. 指环　7、12～16. 钏饰　9～11. 耳环
（采自白云翔：《中国的早期铜器与青铜器的起源》图四，《东南文化》2002年第7期）

了 13 件朱开沟金属器物[26]，发现其主要成分为红铜（5 件）、铜锡或铜锡铅（8 件），锡的含量大部分为 8% ~ 10%，铅的含量不到 3%。其中凿、锥、镞和镯是铸造的，针、指环和耳环均热锻而成，其中一部分还采用了冷锻工艺。这些研究成果为揭示中国北方地区青铜技术的发展提供了进一步的分析证据。

前人在研究中已经注意到了位于内蒙古、辽宁、河北、天津、北京等地的夏家店下层文化遗址中发现的铜器与青铜器[27]。然而，直到最近，对于这些器物的科学分析仍十分有限。迄今为止，在各个不同的夏家店下层文化遗址中共发现了 100 多件铜器和青铜器，包括耳环、指环、刀、锥和镞等[28]（图八）。其中大甸子遗址无疑是最值得关注的，该遗址出土了 57 件铜器和青铜器，大部分为耳环和指环，还有 1 件金器和 2 件铅制品。李延祥等对这些器物中的 41 件样品进行了检测分析[29]，发现均由铜锡或铜锡

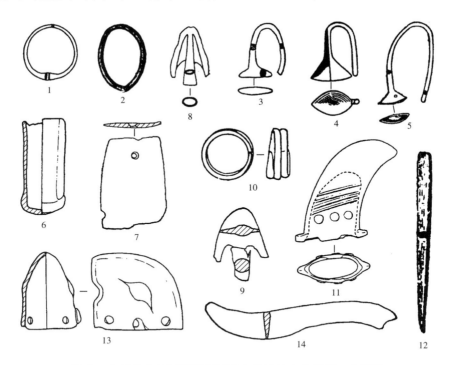

图八　中国北方地区夏家店下层文化遗址出土铜器、青铜器

1、10. 指环　2 ~ 5. 耳环　6、7、11、13. 饰件　8、9. 镞　12. 锥　14. 刀

（采自白云翔：《中国的早期铜器与青铜器的起源》图五，《东南文化》2002 年第 7 期）

铅合金制成，其中大部分锡的含量超过 8%，铅的含量低于 3%（普遍低于 6%）。值得一提的是，所有的耳环都是热锻制成的，而所有的指环都是铸造的，表明工匠有意选择相应合适的技术来制造不同类型的饰物。

三　当前研究面临的挑战

由前述的证据可以看到，过去 20 年，中国早期冶金术方面的研究取得了重大进展。我们可以得出以下三点：首先，中国西北地区（包括甘肃、青海和新疆）的考古学和冶金学研究成果表明，该地区对铜与青铜的冶金不晚于公元前第三千年，在这一过程中可能受到来自欧亚草原的刺激或影响；其次，在二里头遗址发现的冶炼遗物表明，中原地区在青铜冶金发展过程中扮演了主导角色，其主要标志是范铸技术的发明；第三，在中国北方地区发现的早期铜器和青铜器表明，该地区在冶金术的区域互动中起着至关重要的作用。尽管如此，一些挑战性的问题依然存在。这里，本人将重点论述其中的四个问题，即大草原影响的实质、砷铜的早期使用、区域互动的重要意义以及范铸技术的发明。

（1）大草原影响的实质

尽管有关中国早期冶金术独立发明或传播引入的争议依旧引人关注，仍为一个重要的课题，但是一种研究的新趋向已经出现，即强调本地或区域的发展与交流，以及相应的社会文化背景。中国西北地区和欧亚草原的联系是这一新趋势重点关注的课题之一。由于越来越多的证据能够说明这种联系的存在，有些学者已经开始思考"草原冶金术"扩展进入中国西北地区的问题[30]，或者认为中国西北地区的冶金术"是欧亚草原文化传统的一部分"[31]。我们应该认识到，虽然欧亚草原确实对中国西北地区青铜冶金的发展产生了影响，但其性质依旧是相当模糊的。分析中国西北地区早期金属器物的形制特点，能够发现不同来源的各种草原文化因素共存于上述地区的早期青铜文化中。这些初步观察似乎表明中国西北地区与欧亚草原的交流更可能是间接的、断续的、小规模的，而并非以大规模迁徙的形式存在[32]。要阐明这一问题还需要做更深入的研究。

（2）砷铜的早期使用

根据 20 年来的考古发现，我们现在知道，砷铜在公元前第三千年后期以及公元前第二千年已在中国使用。中国西北地区是砷铜早期使用的重要地区，中原地区也可见到一些例证。砷铜在中国西北地区最早出现可以追溯到公元前第二千年初期，甚至更早。公元前第二千年的前半段，沿甘肃河西走廊以及新疆东部的青铜时代文化，如四坝、齐家和天山北路文化，都曾使用过砷铜；其数量不是几件，而是几十件之多[33]。因此，中国西北地区砷铜的存在并不是偶然现象，而是一个明确的技术演进。然而，在现有研究阶段，我们还不能确定这些砷铜器是当地生产，还是从外地输入的。尽管种种迹象表明当地生产的可能性很大，但目前尚未找到确切的证据来说明这一点。另一方面，类型学比较研究也表明中国西北地区与欧亚草原存在着文化联系，砷铜冶炼技术是否有可能通过刺激性扩散从欧亚草原传入中国西北地区呢？毋庸置疑，想要找到问题的答案，除了甘肃和新疆以外，我们还需要从南西伯利亚寻找更多的证据。

（3）区域互动的重要意义

更具挑战性的问题是各个区域中心之间的文化互动，特别是中国西北地区与中原地区之间[34]。当前的考古证据表明，这两个地区是公元前第三千年冶金遗物的主要发现地[35]。最引人瞩目的是在山西南部陶寺遗址发现的一些铜器，这些铜器属于龙山文化，其年代大约在公元前第三千年的晚期[36]。在陶寺发现的铜器中，有一件甚至被鉴定为砷铜，因此一些学者推测当地金属器物的出现是从中国西北地区输入的结果[37]。然而，这样的见解只是一种推测，显然还需要更确凿的证据，一直到二里头文化时期（公元前18～前16世纪），中国西北与中原地区的文化联系才显现出明晰的迹象。在甘肃东部天水发现的一件青铜牌饰就是这种联系的一个很好的例子，其器形和纹饰与在河南二里头遗址出土的牌饰十分相似[38]。但是我们不得不承认，目前关于西北地区和中原地区互动的证据仍然不够充分，相关的记录也不足。因此，为了对中原地区早期青铜冶金发展有更全面的了解，区域间的互动还需要做更多的探索和研究。

（4）范铸技术的发明

范铸技术的出现及其社会背景同样是当前中国早期冶金术研究中的一个挑战性的问题。虽然普遍认为范铸工艺是中国发明的技术，但我们对这一技术最早出现的认识还比较模糊。如果从纯技术的观点来看这一问题，那么铸造有銎斧的技术完全可能导致范铸技术的产生。但在笔者看来，范铸技术发明的社会背景远比我们想象的复杂得多，技术层面的进步可能只是其中的一部分，更重要的可能还包括当时社会或制度上的因素。本人认为，先于技术本身的礼仪规范很可能是范铸法全面发展的真正推动力。中原地区在青铜冶金出现之前，使用玉器和陶器的制度化或常规化的礼仪活动早已存在。当青铜冶金最早被引入中原地区时，为适应现存的用以划分社会等级的社会—文化习俗，在贵族墓葬中，青铜器取代玉器成为主要随葬品。随着祭祀祖先仪式的变化，青铜容器和兵器的价值不断上升，从而导致范铸技术的发展[39]。因此，为了更全面认识青铜冶炼技术在中国早期文明发展中的地位，采用跨学科研究的方法，从技术层面和社会层面开展研究，不但是必要的，而且是最令人期盼的。

四　未来可能的研究方向

在思考未来研究的发展方向时，有必要强调三个方面。首先，技术分析是基础，应当继续，尤其要强调对各生产遗址采集标样的分析和检测，包括矿渣、矿石和炉体材料。为了明确各区域的技术特征，应该对分析所得的数据进行比较研究，也可借以理解不同区域之间交流或互动的模式。

其次，区域分析应该结合当时冶金生产的社会文化背景，如陶器的生产、礼仪偏好、丧葬习俗、宗教传统、艺术选择等。我们更应该关注早期冶金活动是如何组织的，以及这些活动对提高社会多元化做出了哪些贡献。这就需要把技术分析与考古研究结合起来。

最后，当地技术创新与远距离交流是两个至关重要的问题，值得采用跨学科研究的方法进行深入探究。我们已经注意到了早期冶金术方面的几个重要技术创新，如范铸技术、砷铜和铅青铜，但这些创新是如何起源和发展的尚不明确，有待进一步研究考察。如果把上述问题置于更广阔的欧亚背景之下来考虑，当地创新与外来驱动就可以更有效地展现出来。非常重要的是理解早期互动的规模、模式与机制，这包括贸易与交换、族群的迁徙以及群体间的冲突等。

五　结论

过去二十年里，对中国早期冶金术发展的研究取得了相当大的进展。

在中国西北地区开展的新研究，揭示了越来越多的证据，表明中国西北地区与欧亚草原之间存在着文化联系。最近的考古发现也证实，二里头是中原地区最重要的冶金中心，以范铸技术为基础的最早的青铜冶铸业就是在该地区产生并获得发展的。本文还指出，礼仪活动的社会需求很可能是范铸技术诞生的主要推动力。关于青铜冶金在中国西北地区和中原地区的出现及其相互关系，还需要通过进一步的研究予以阐明。

致谢：衷心感谢柯俊、韩汝玢、孙淑云、林嘉琳、李水城、罗森、任天洛、王睦、古克礼、李肖、刘学堂和汉克斯教授等对本研究所给予的鼓励、帮助与支持，还要特别感谢卡斯托切亚和莫菲特先生为修改本文所提供的大量帮助。

注　释

［1］ Bishop, C. W., *Origin of the Far Eastern Civilizations*: *A Brief Handbook*., Washington, DC: Smithsonian Institute, 1942: 14.

Loehr, M., Weapons and Tools from Anyang and Siberian Analogies, *American Journal of Archaeology*, 1949, 53: 129.

［2］ Smith, C. S., Review of Barnard 82 Sato 1975 and Ho 1975, *Technology and Culture*, 1977, 18(1): 80-86.

Jettmar, K., Cultural and Ethnic Groups West of China in the Second and First Millennia BC, *Asian Perspectives*, 1981, 24(2): 145-62.

Watson, W., An Interpenetration of Opposites? Pre-Han Bronze Metallurgy in West China, *Proceedings of the British Academy*, 1985, 70: 327-58.

［3］ Barnard, N., Bronze Casting and Bronze Alloys in Ancient China, *Monumenta Serica Monograph XIV*, Canberra: Australian National University, 1961.

Barnard, N., Further Evidence to Support the Hypothesis of Indigenous Origins of Metallurgy in Ancient China, in D. N. Keightley (ed.), *The Origins of Chinese Civilization*, Los Angeles: University of California Press, 1983: 237-277.

Barnard, N. and Sato, T., *Metallurgical Remains of Ancient China*. Tokyo: Nichiosha, 1975: 1-16.

Cheng, T. K. Metallurgy in Shang China, T'oung Pao, 1974, 60 (4/5): 209-29.

Ho, P. T., *The Cradle of the East*: *An Inquiry into the Indigenous Origins of Techniques and Ideas of Neolithic and Early Historic China, 5000-1000 BC*, Hong Kong: Chinese

University of Hongkong, 1975；孙淑云、韩汝玢：《中国早期铜器的初步研究》，《考古学报》1981 年第 3 期。

[4] Muhly, J. D., The Beginnings of Metallurgy in the Old World, in R. Maddin (ed.) , *The Beginning of the Use of Metals and Alloys*, Cambridge: MIT Press, 1988: 2-20.

[5] 孙淑云、韩汝玢：《中国早期铜器的初步研究》，《考古学报》1981 年第 3 期。

[6] Mei, Jianjun, Cultural Interaction between China and Central Asia during the Bronze Age, *Proceedings of the British Academy*, 2003, 121: 3-13；李水城：《西北及中原早期冶铜业的区域特征及交互作用》，《考古学报》2005 年第 3 期。

[7] Fitzgerald-Huber, L. G., Qijia and Erlitou: the Question of Contacts with Distant Cultures, *Early China*, 1995, 20: 38-52.

Mei, Jianjun, Cultural interaction between China and Central Asia during the Bronze Age, *Proceedings of the British Academy*, 2003, 121: 5-13.

[8] Chernykh, E. N. and Kuzminykh, S. V., *Drevnyaya Metallurgiya Severnoi Evrazii*, Moscow: Nauka, 1989: 69-70.

Chernykh, E. N., *Ancient Metallurgy in the USSR: The Early Metal Age*. Cambridge: Cambridge University Press, 1992: 215-233.

Takahama, Shu., On Several Types of Copper Objects of the First Half of the Second Millennium BC from Central Eurasia, in Research Centre for the Silk Road (ed.) , *Metals and Civilisation*, Nara: Research Centre for the Silk Road, 2000: 114.

Mei, Jianjun, Qijia and Seĭma-Turbino: the Question of Early Contacts between Northwest China and the Eurasian Steppe, *Bulletin of the Museum of Far Eastern Antiquities*, 2003, 75: 32-35.

[9] 孙淑云：《东灰山遗址四坝文化铜器的鉴定及研究》，《民乐东灰山考古——四坝文化墓地的揭示与研究》，科学出版社，1998 年；孙淑云、韩汝玢：《甘肃早期铜器的发现与冶炼制作技术的研究》第 81 页，《文物》1997 年第 7 期。

[10] 孙淑云、潜伟、王辉：《火烧沟四坝文化铜器成分分析及制作技术的研究》第 86 页，《文物》2003 年第 8 期。

[11] 李水城、水涛：《四坝文化铜器研究》，《文物》2000 年第 3 期。

[12] Muhly, J. D., The Beginnings of Metallurgy in the Old World, in R. Maddin (ed.) , *The Beginning of the Use of Metals and Alloys*, Cambridge: MIT Press, 1998: 16.

[13] Mei, Jianjun, *Copper and Bronze Metallurgy in Late Prehistoric Xinjiang: Its Cultural Context and Relationship with Neighboring Regions*, BAR International Series 865. Oxford：Archaeopress, 2000: 38-41；吕恩国、常喜恩、王炳华：《新疆青铜时代

考古文化浅论》，《苏秉琦与当代中国考古学》，科学出版社，2001 年；潜伟：《新疆哈密史前时期青铜器及其与周边文化的关系》第 40 ~ 41 页，知识产权出版社，2006 年。

[14] Mei, Jianjun, Shell, C., Li, Xiao and Wang, Bo, A Metallurgical Study of Early Copper and Bronze Artefacts from Xinjiang, China, *Bulletin of the Metals Museum*, 1998, 30: 1-22.

Mei, Jianjun and Shell, C., The Existence of Andronovo Cultural Influence in Xinjiang during the Second Millennium BC, *Antiquity*, 1999, 73 (281) : 570-78.

Mei, Jianjun, *Copper and Bronze Metallurgy in Late Prehistoric Xinjiang*: *Its Cultural Context and Relationship with Neighboring Regions*, BAR International Series 865. Oxford: Archaeopress, 2000: 38-39.

[15] Mei, Jianjun, *Copper and Bronze Metallurgy in Late Prehistoric Xinjiang*: *Its Cultural Context and Relationship with Neighboring Regions*, BAR International Series 865. Oxford: Archaeopress, 2000: 40.

[16] 北京科技大学冶金与材料史研究所：《新疆哈密天山北路墓地出土铜器的初步研究》，《文物》2001 年第 6 期。

[17] Mei, Jianjun, Qijia and Seǐma-Turbino: the Question of Early Contacts between Northwest China and the Eurasian Steppe, *Bulletin of the Museum of Far Eastern Antiquities*, 2003, 75: 31-54.

[18] Debaine-Francfort, C., Xinjiang and northwestern China around 1000 BC: Cultural Contacts and Transmissions, in R. Eichmann and H. Parzinger (eds) , *Migration und Kulturtransfer*, 2001: 59-60. Bonn: Rudolf Habelt GmbH.

Mei, Jianjun, Cultural interaction between China and Central Asia during the Bronze Age, *Proceedings of the British Academy*, 2003, 121: 24-25.

[19] 白云翔：《中国的早期铜器与青铜器的起源》，《东南文化》2002 年第 7 期；李水城：《西北及中原早期冶铜业的区域特征及交互作用》，《考古学报》2005 年第 3 期。

[20] 曲长芝、张日清：《二里头遗址出土铜器 X 射线荧光分析》，《偃师二里头》，中国大百科全书出版社，1999 年。

[21] 金正耀：《二里头青铜器的自然科学研究与夏文明探索》，《文物》2000 年第 1 期。

[22] 梅建军：《关于中国冶金起源及早期铜器研究的几个问题》，《吐鲁番学研究》2001 年第 2 期第 61 ~ 62 页。

［23］梁宏刚、孙淑云：《二里头遗址出土铜器研究综述》，《中原文物》2004 年第 1 期第 35 页。

［24］梁宏刚：《二里头遗址出土铜器的制作技术研究》，北京科技大学博士论文，2004 年。

［25］白云翔：《中国的早期铜器与青铜器的起源》，《东南文化》2002 年第 7 期第 29～30 页。

［26］李秀辉、韩汝玢：《朱开沟遗址出土铜器的金相学研究》，《朱开沟——青铜时代早期遗址发掘报告》，文物出版社，2000 年。

［27］孙淑云、韩汝玢：《中国早期铜器的初步研究》，《考古学报》1981 年第 3 期第 295 页；安志敏：《中国早期铜器的几个问题》，《考古学报》1981 年第 3 期第 275 页。

［28］白云翔：《中国的早期铜器与青铜器的起源》，《东南文化》2002 年第 7 期第 29～30 页。

［29］李延祥、贾海新、朱延平：《大甸子墓地出土铜器初步研究》，《文物》2003 年第 7 期第 79～82 页。

［30］Debaine-Francfort, C., Xinjiang and Northwestern China around 1000 BC: Cultural Contacts and Transmissions, in R. Eichmann and H. Parzinger (eds), *Migration und Kulturtransfer*, 2001: 57-70. Bonn: Rudolf Habelt GmbH.

［31］Linduff, K. M., How far does the Eurasian Metallurgical Tradition Extend? , in K. M. Linduff (ed), *Metallurgy in Ancient Eastern Eurasia from the Urals to the Yellow River*, New York: Edwin Mellen Press Ltd., 2004: 1-14.

［32］Mei, Jianjun, Qijia and Seĭma-Turbino: the Question of Early Contacts Between Northwest China and the Eurasian Steppe, *Bulletin of the Museum of Far Eastern Antiquities*, 2003, 75: 41-42.

［33］李水城、水涛：《四坝文化铜器研究》，《文物》2000 年第 3 期第 40～42 页；梅建军：《关于中国冶金起源及早期铜器研究的几个问题》，《吐鲁番学研究》2001 年第 2 期第 59～62 页。

［34］安志敏：《试论中国的早期铜器》，《考古》1993 年第 12 期。

［35］白云翔：《中国的早期铜器与青铜器的起源》，《东南文化》2002 年第 7 期第 25～37 页。

［36］梁星彭、严志斌：《襄汾陶寺新石器时代遗址》，《中国考古学年鉴·2002》，文物出版社，2003 年。

［37］刘学堂、李文瑛：《中国早期青铜文化的起源及其相关问题新探》，《藏学学

刊》2007 年第 3 期第 59 页。

[38] 张天恩：《天水出土的兽面铜牌饰及有关问题》，《中原文物》2002 年第 1 期。

[39] Mei, Jianjun, Early Metallurgy and Socio-cultural Complexity: Archaeological Discoveries in Northwest China, in B. Hanks and K. M. Linduff (eds) , *Monuments, Metals and Mobility: Trajectories of Social Complexity in the Late Prehistoric Eurasian Steppe*, Cambridge: Cambridge University Press, 2009.

Early Metallurgy in China: Some Challenging Issues in Current Studies

Mei Jianjun

This paper first reviews major recent progress in the studies of early metallurgy in China, particularly the growing body of evidence pointing to the existence of early cultural interactions between north-west China and the Eurasian steppe. It then highlights four challenging issues in current studies of early metallurgy in China, namely the nature of steppe influence, the early use of arsenical copper, the significance of regional interactions, and the invention of piece-mould casting technology. Finally, it argues that an interdisciplinary approach is essential for an in-depth exploration of the role of bronze metallurgy in the growth of early Chinese civilization.

公元前 3 至前 1 千纪中国和中亚地区的尖顶冠形符号[*]

韩建业

（中国人民大学历史学院　北京联合大学考古学研究中心）

公元前 3 千纪中叶至前 1 千纪初期，在中国和中亚地区存在一种尖顶冠形符号，尖顶直角或锐角，两侧冠翅上有一道以上斜线，冠顶有 "V" 字形、菱形、丁字形、十字形纹饰，彩绘、刻划或附加泥条于陶容器或陶人偶之上。俄罗斯学者马松（V. M. Masson）等曾称其为 "三角睫毛纹"（Triangle with eyelashes），认为其与某种神祇信仰有关[1]。我曾称其为双 "F" 形纹，并提出马厂类型的此类纹饰可能与欧亚草原存在联系[2]，但当时并未关注到中亚地区。本文试对中国和中亚地区尖顶冠形符号进行比较，并探讨其相互关系。

一

中国境内的尖顶冠形符号，发现于马家窑文化宗日类型和马厂类型、齐家文化中晚期、四坝文化、哈密天山北路文化、辛店文化和察吾呼沟口文化早期，绝对年代约在公元前 2600～前 800 年，跨越中国铜石并用时代、青铜时代至早期铁器时代。冠顶多呈 "V" 字形或菱形，彩绘、刻划或附加泥条于陶容器之上，具体可分四型。

＊ 本文为国家社科基金重大项目（12&ZD151）、北京市属高等学校创新团队建设项目（IDHT20140507）的阶段性成果。

马家窑文化宗日类型主要分布在以共和盆地为中心的青海省东部，绝对年代约在公元前 2600～前 2200 年，属于铜石并用时代早期和晚期早段。在青海同德宗日墓地一件宗日类型早期的陶壶上[3]，发现多个尖顶冠形符号，冠顶呈"V"字形，可作为 A 型，两侧冠翅上有两道或一道斜线，彩绘于罐的颈腹部位（图一，1）。

马家窑文化马厂类型主要分布在甘肃中西部和青海东部，延伸到河西走廊甚至新疆东部地区，约在公元前 2200～前 1900 年，属于铜石并用时代晚期晚段。少量尖顶冠形符号发现于甘肃永登乐山坪[4]和青海民和阳山[5]等遗址，均属 A 型，两侧冠翅上有两道或一道斜线，泥条附加或彩绘于罐腹（图一，2～4）。

齐家文化中晚期遗存主要分布于甘肃大部、青海东部、宁夏南部，晚期扩展至关中地区，约在公元前 2200～前 1500 年，属于铜石并用时代晚期晚段至青铜时代早期。少量尖顶冠形符号发现于甘肃武威皇娘娘台[6]、广河齐家坪、永靖秦魏家[7]等遗址。秦魏家遗址见 A 型者，刻划饰于罐腹（图一，7）。皇娘娘台遗址者冠顶呈菱形，可称 B 型，彩绘于豆盘内壁或罐腹（图一，5、6）。

四坝文化、哈密天山北路文化分布在河西走廊中西部和哈密地区，约在公元前 1900～前 1300 年，属于青铜时代早期。尖顶冠形符号较多，发现于甘肃玉门火烧沟[8]、酒泉干骨崖[9]、民乐东灰山[10]，新疆哈密天山北路[11]等遗址，既有 B 型者，或刻划于罐腹（图一，8），甚至作为彩绘人像的头部（图一，11）；也有将冠顶菱形饰移至冠下者，可称 C 型（图一，9），更多则是 C 型的上下叠加（图一，10）。

辛店文化主要分布在黄河上游及其支流洮河、大夏河、湟水、渭河上游地区，约在公元前 1500～前 800 年，属于青铜时代晚期，较多尖顶冠形符号发现于青海民和核桃庄等遗址[12]，均属冠翅间无冠顶而以竖线相隔者，可称 D 型（图一，12～14）。

察吾呼沟口文化前期分布在塔里木盆地北缘，约在公元前 1200～前 800 年，属于早期铁器时代，个别尖顶冠形符号发现于新疆和静察吾呼沟四号墓地等[13]，冠顶"V"形，两侧冠翅上有三道斜线，属于 A 型（图一，15）。

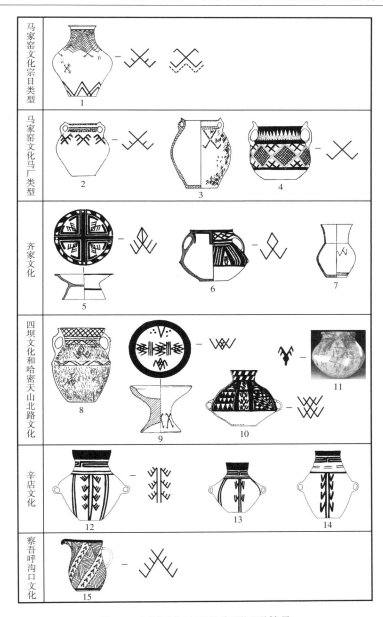

图一 中国西北地区的尖顶冠形符号

1. 宗日（M222：3）   2、3. 乐山坪（LYL：186、LYL：220） 4. 阳山（M22：21） 5、6. 皇娘娘
台（M47：10、M30：2） 7. 秦魏家（M107：4） 8～10. 东灰山（M181：2、M108：5、M23：2）
11. 天山北路（M214） 12～14. 核桃庄（M35：2、M257：1、M312：1） 15. 察吾呼沟口四号墓地
（M33：25）

　　虽然目前我们还难以理清以上四型尖顶冠形符号之间是否存在发展演变关系，但这类符号在公元前 3 千纪中期突然出现于中国西北地区则是确定无疑的。带有这些符号的陶容器均属普通随葬品，无特殊之处。

二

　　中亚地区的尖顶冠形符号，主要发现于土库曼斯坦南部的纳马兹加五期类型或阿尔丁特佩文化，绝对年代约在公元前 2600 ~ 前 1900 年，属于中亚青铜时代中期[14]。在阿尔丁特佩（Al-tyn-Depe）五期（第一发掘区 1 ~ 3 层）[15]、纳马兹加五期（Namazga Ⅴ）等当中，常见冠顶丁字形、十字形或倒矢形的尖顶冠形符号，两侧冠翅上有三道以上斜道，有的甚至细密如睫毛，刻划于红陶人像上。刻划这类符号的人像一般折肩、倒梯形上身，梯形或近圆形下身多前折呈坐姿，面部有扁菱形或贝壳形双目，正面常见蛇状扭曲双辫，头后常垂锥状单辫，绝大多数带高耸双乳而呈女性特征。陶人像常在正背两面饰尖顶冠形符号，有时还与其他符号相互组合，正面一般在双

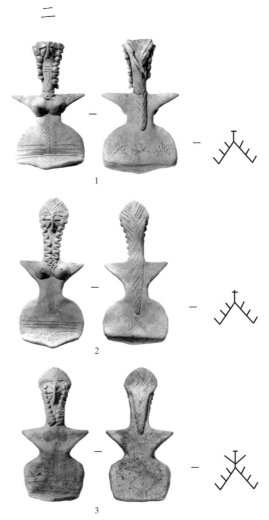

图二　阿尔丁特佩遗址陶人形塑像及符号

1. Excavation 9, corridor of burial chamber 9
2. Excavation 9, burial chamber 11
3. Excavation 5, 1st horizon, burial chamber 13

肩左右各一，背面则在腰部靠下位置左右各一（图二，1），或上下各一（图二，3），或中间一个（图二，2）。

据统计，在阿尔丁特佩遗址发现的 112 个各类符号当中，尖顶冠形符号数量最多，有 30 个，占到总数的 1/3 以上。这类符号和其他符号一样，被认为与对各种神祇的崇拜有关[16]；而尖顶冠形符号总是见于带有蛇形长辫的女性雕像之上，被推测为与男性星神或月亮神之妻有关[17]。但在阿尔丁特佩遗址，装饰符号的人像大部分出土于墓葬，少量出土于房屋，几乎见于遗址所有区域，似乎并未体现出对神的特别尊崇，所以这种说法还难以成为定论。

按照马松（V. M. Masson）等的意见，尖顶冠形符号有着原初伊兰风格（Proto-Elamitic），或者说就是直接受到原初伊兰文字影响而来[18]（图三，4、5）。但仔细来看，类似的原初伊兰文字多整体为三角形，与此类尖顶冠形符号缺底边线的情况有别。其实，尖顶冠形符号更可能只是从纳马兹加四期的锯齿纹彩陶发展演变而来[19]，往前还可追溯至曾盛极一时的纳马兹加二期晚段和三期的锯齿纹彩陶[20]，类似尖顶冠形符号的图案其实就是锯齿纹图案中的一个单元（图三，1～3）。如此看来，尖顶冠形符号还应该是来源于土库曼斯坦南部当地。

图三　纳马兹加二至四期文化彩陶、阿尔丁特佩文化符号和原初伊兰文字比较

1～3. 阿尔丁特佩彩陶（纳马兹加二期晚段、纳马兹加三期、纳马兹加四期）　4. 阿尔丁特佩文化尖顶冠形符号　5. 原初伊兰文字

三

公元前 3 千纪中叶至前 1 千纪初期，中国和中亚都存在较为复杂特殊的尖顶冠形符号，且彼此大同小异，偶然形似的可能性不大，两者间很可能存在联系。由于中亚的尖顶冠形符号出现年代较早且明确来源于当地，而中国西北地区的类似符号却是突然出现，且数量较少，因此推测应当有个从西而东的传播过程，中国和中亚之间在公元前 3 千纪末期当存在文化交流。只是两个地区的尖顶冠形符号形态细节尚有差别，而且此类符号在中国均发现于陶容器，而在中亚则萌芽时见于陶容器，后见于陶人像，推测在中亚和中国西北地区之间还存在很多中间环节，而塔里木盆地南北缘正是这些中间环节的关键所在。

值得注意的是，塔里木盆地北缘察吾呼沟口四号墓地所见尖顶冠形符号，与中亚符号最为相似，只是年代晚至公元前 800 年左右，或许此类符号在塔里木盆地有一个较长的发展传承过程。我们还发现公元前 2000 年左右新疆古墓沟墓地的石或木质人像与中亚阿尔丁特佩文化陶人像颇为相似，说明主要来源于中亚，可惜古墓沟这类人像上并未见尖顶冠形符号。关于尖顶冠形符号东传的细节问题还需继续探索。

附记： 本文所引外文文献为 2014 年夏天我在德国考古研究院做访问学者期间收集，感谢期间德国考古研究院欧亚研究所副所长王睦（Mayke Wagner）教授以及陈晓程女士、魏骏骁（Patrick Wertmann）博士等对我的帮助！

（本文曾发表于《西域研究》2015 年第 4 期，收入本书时略做修改）

注　释

［1］ В. М. Массон, В. И. Сарианиди: Среднеазиатская Терракота Эпохи Бронзы, Главная редакция восточной литературы Москва, 1973.

［2］ 韩建业：《中国西北地区先秦时期的自然环境与文化发展》第 170 ~ 171 页，文物出版社，2008 年。

［3］青海省文物管理处、海南州民族博物馆：《青海同德县宗日遗址发掘简报》，《考古》1998 年第 5 期。

［4］马德璞等：《永登乐山坪出土一批新石器时代的陶器》，《史前研究》（辑刊），1988 年。

［5］青海省文物考古研究所：《民和阳山》，文物出版社，1990 年。

［6］甘肃省博物馆：《武威黄娘娘台遗址第四次发掘》，《考古学报》1978 年第 4 期。

［7］中国科学院考古研究所甘肃工作队：《甘肃永靖秦魏家齐家文化墓地》，《考古学报》1975 年第 2 期。

［8］甘肃省博物馆：《甘肃省文物考古工作三十年》，《文物考古工作三十年（1949～1979)》，文物出版社，1979 年。

［9］李水城：《四坝文化研究》，《考古学文化论集》（三），文物出版社，1993 年。

［10］宁笃学：《民乐县发现的二处四坝文化遗址》，《文物》1960 年第 1 期；甘肃省文物考古研究所、吉林大学北方考古研究室：《民乐东灰山考古——四坝文化墓地的揭示与研究》，科学出版社，1998 年。

［11］新疆维吾尔自治区文物事业管理局等编：《新疆文物古迹大观》第 111 页，新疆美术摄影出版社，1999 年。

［12］青海省文物考古研究所等：《民和核桃庄》，科学出版社，2004 年。

［13］新疆文物考古研究所：《新疆察吾呼——大型氏族墓地发掘报告》，东方出版社，1999 年。

［14］A. H. Dani, V. M. Masson (ed.), *History of Civilizations of Central Asia*, Volume I: The Dawn of Civilization: Earliest Times to 700 B. C. UNESCO Publishing. Paris, 1992: 225-246.

Philip L. Kohl, The Namazga Civilization, An Overview. in *The Bronze Age Civilization of Central Asia*, M. E. Sharpe. Inc., Armonk, New York, 1981: vii-xl; O. Lecomte, H. -P. Francfort, etc. Recherches archéologiques récentes à Ulug Dépé (Turkménistan), Paléorient, Vol. 28, No. 2 (2002) : 123-131.

［15］V. M. Masson, Translated by Henry N. Michael, *Altyn-Depe*, *The University Museum* (University of Pennsylvania), 1988: 84-89.

［16］В. М. Массон, В. И. Сарианиди, Среднеазиатская Терракота Эпохи Бронзы, Главная редакция восточной литературы Москва, 1973.

［17］V. M. Masson, Translated by Henry N. Michael, *Altyn-Depe*, *The University Museum* (University of Pennsylvania), 1988: 87.

［18］ В. М. Массон, В. И. Сарианиди, Среднеазиатская Терракота Эпохи Бронзы, Главная редакция восточной литературы Москва, 1973.

［19］ V. M. Masson, V. I. Sarianidi, Translated and edited by Ruth Tringham, *Central Asia*, Thames and Hudson, 1972: 132.

［20］ L. B. Kircho, G. F. Korobkova, V. M. Masson, *The Technical and Technological Potential of the Eneolithic Population of Altyn-Depe as the Basis of the Rise of an Early Urban Civilization*, *European House*, St. -Petersburg. 2008: 71.

Philip L. Kohl, . The Namazga Civilization: An Overview. in *The Bronze Age Civilization of Central Asia*, M. E. Sharpe. Inc., Armonk, New York, 1981: vii-xl.

The Pointed-hat-shaped Symbols from China and Central Asia during the 3rd-1st Millennium BCE

Han Jianye

There are a kind of Pointed-hat-shaped symbols from China and Central Asia during the 3rd-1st Millennium BCE, which similar to each other and appeared earlier in Central Asia than in China. It is suggested here that there may be a spreading process from Central Asia to Northwest China.

新疆古代青铜器及铜矿资源的分布

李　刚

（中国国家博物馆）

　　新疆地区古代青铜器的发现日益增多，极具地方特色，同时亦与亚欧草原诸部的青铜文化有着密切的联系，并与甘青地区乃至中原发生长久的交往。虽然区内发现的铜器数量及分布情况仍不足以勾勒出本地青铜文化的全貌，但探索相关矿产的采冶遗址及其与区内铜器生产的关系亦应引起足够的重视，尤其是在现代矿山大举掘进的形势下，发现与保护区内古代矿冶遗存即显得尤为迫切。

一　新疆青铜时代考古学文化的分布与器类

　　新疆青铜时代考古学文化的分布与区内自然地理分区关系密切，结合自然地理及青铜文化面貌，诸多学者对新疆青铜文化的区域特征进行了研究。龚国强在分期的基础上做了分区研究，第一期（公元前三千纪）仅发现于帕米尔高原东麓，第二期（公元前二千纪）主要分布在哈密盆地、天山北麓东段、焉耆盆地、罗布泊等四个区域，第三期（公元前一千纪前半）分布于哈密盆地、天山南麓中西段、天山北麓东段，第四期（公元前一千纪后半）分布在天山北麓东段、伊犁河谷、塔额盆地、准噶尔盆地北缘、吐鲁番盆地、天山中部山谷、塔克拉玛干沙漠西缘和西北缘、塔克拉玛干沙漠南缘[1]。梅建军从冶金技术及新疆出土铜器方面与其他区域进行了比较研究[2]。水涛则提出八个典型区：哈密盆地区、吐鲁番盆地区、巴里坤草原区、阿勒泰草原区、天山中部山谷区、伊犁河谷区、帕米尔高原区、焉耆盆地区[3]。韩建业根据自然区划，将新疆地区分出十个文化小区，即塔里木盆地北缘、吐鲁番盆地—中部天山北麓、哈密盆地—巴里坤草原、伊犁河流域、塔里木盆地南缘、石河子—乌苏、帕米尔、阿勒泰、罗布泊、塔城[4]。吕恩国等提出四个相对独立的区域，即中部天山区、东部天山东部南北、塔里木盆地北缘、准噶尔盆地周缘[5]；李水城曾提出三区说，即东疆哈密地区、伊犁河至准噶尔盆地周边地区、天山中段地区[6]。

上述研究对新疆地区含铜器及青铜器文化的区系划分做出了有益的探索，在考古发现尚不充分的情况下，为新疆地区铜器起源及青铜时代文化发展等问题的研究打下了基础，并在分期的基础上进行区系研究，初步建立起一个立体的时空框架。已发现的铜制品包括红铜、砷铜及锡青铜材质，制法有锻造亦有铸造。器类主要包括工具、武器、车马器、饪食器、首饰、服饰、陈设品等。然而，相对于铜制品的发现，新疆地区铜矿及相关合金材料的矿冶遗存却很少见诸报告。

若着眼于区内铜料的供应，则需考察铜矿山与铜器所属文化的地缘关系。概观区内青铜文化，实际上是分布于三山两盆之际，即阿尔泰山、天山、昆仑山所夹准噶尔盆地及塔里木盆地之接合部（图一）。北部主要分布于阿尔泰山南麓，中部主要分布在天山南北，南部主要分布在帕米尔高原及昆仑山北麓。而此三大山系及其与盆地碰合地带又是区内铜矿的主要成矿带。

二　铜矿构造与成矿区的划分

新疆的三大山系——阿尔泰山、天山、昆仑山，是区内地质构造最活跃的地带。三大山系的成矿作用主要分为两类：一是地质挤压构造带上，广布与岩浆活动有关斑岩型、接触交代型和岩浆热液型为特征的铜成矿带；另一是拉张构造环境区，则分布着与火山活动有关的火山岩型为主的铜成矿带。以上两大系列成矿带内，已探明铜储量 900 余万吨，占全疆铜储量近 90%。

在山系与盆地接合部的碰合带附近，往往分布着深成岩体，是铜镍矿重要成矿类型分布区，目前已知的岩浆熔离型铜镍成矿带均分布于上述环

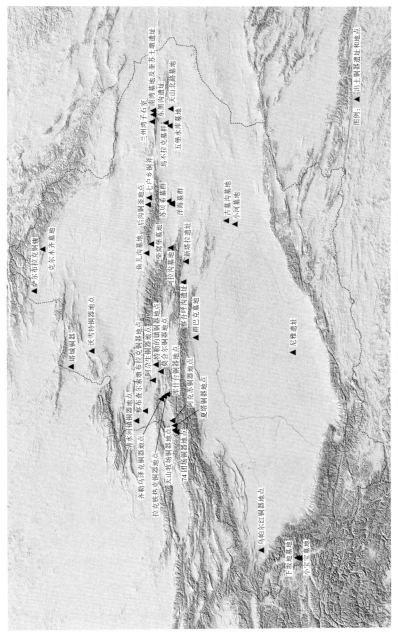

图一　新疆地区出土青铜器地点分布图

境中，已发现的 9 个成型铜镍矿床（点），镍储量占全区镍总量的 100%，铜储量也占全疆铜总储量的 9.8%，是全国少有的铜镍成矿远景区。此外，塔里木盆地边缘的拗陷小盆地中存在若干沉积型铜矿成矿带，探明储量亦达数万吨。

根据基本构造单元和矿床时空分布规律以及铜矿类型，可对新疆铜矿构造和成矿区划分如下[7]：

（1）阿尔泰铜构造成矿带，包括阿舍勒海相火山沉积型铜矿和富蕴县喀拉通克、可可托海等中型硫化铜矿等。

（2）准噶尔铜构造成矿区，以富蕴县索尔库都克夕卡岩中型铜矿为主。

（3）西天山铜构造成矿区，包括温泉县喇嘛苏斑岩—夕卡岩复合型中型铜矿、尼勒克县群吉萨依斑岩型小型铜矿、玉须开普台、巴依图玛海底火山喷气—沉积型铜铁矿、可可乃克海相热液型铜矿、穿布拉克—莫斯早特陆相火山热液型铜矿等。

（4）东天山铜构造成矿带，包括哈密土屋与延东大型斑岩型铜矿、黄山与黄山东铜镍硫化物型中型铜矿床、吐鲁番小热泉子火山—热液型中型铜矿等。

（5）南天山铜构造成矿带，包括温宿县铁克里克海相碎屑岩型小型铜矿、塔北边缘拜城县的滴水小型铜矿。

（6）西昆仑、阿尔金铜构造成矿带，包括阿克陶县卡玛海底喷流沉积型小型铜矿、盖孜特格里曼苏砂岩型小型铜矿、阿尔巴列克小型海相沉积型铜矿。

（7）东昆仑铜构造成矿带，包括且末县嘎其哥洛德砂岩型小型铜矿等。

在阿尔泰山南麓，分布着阿尔泰铜成矿带及准噶尔铜成矿区，处于阿尔泰草原的边缘地带。在天山山脉，包括西天山成矿区、东天山成矿带、南天山成矿带，与伊犁河谷区、焉耆盆地区、吐鲁番盆地区、哈密盆地区、巴里坤草原区接近。在昆仑山脉，包括西昆仑 - 阿尔金铜成矿带、东昆仑铜成矿带，分别与帕米尔高原区、塔克拉玛干沙漠南缘接近。

三　新疆铜矿资源的分布与青铜器原料产地的推测

新疆区内铜储量巨大，目前所发现青铜文化亦可上溯至公元前二千纪

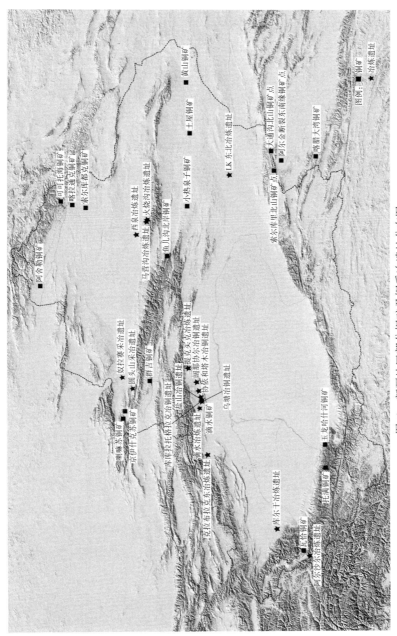

图二　新疆地区部分铜矿及铜采冶遗址分布图

之初，部分铜器的年代甚至更早。青铜文化的分布则与铜成矿带基本重合，或距离接近。尤其在山系与盆地碰合地带的拉张构造环境区，既存在重要的铜构造成矿带，又是古人选择居住地主要地区。然而区内发现的铜矿遗址却与青铜文化的分布及铜储量不成比例，且尚未发现与早期青铜器年代相当的矿冶遗址。因此，可以在青铜文化分布范围内的铜成矿带、成矿区内设置寻找铜矿、冶炼、铸造遗址的靶区，从一个侧面探讨青铜原料的开发时间和流通途径。根据前述青铜文化的分区研究，结合铜矿资源分布，拟设置以下六个探索矿冶遗址分布的靶区。

（1）阿尔泰成矿带、准噶尔成矿区青铜器

阿尔泰成矿带、准噶尔成矿区与阿尔泰南麓的阿勒泰、布尔津、哈巴河、吉木乃、富蕴、青河等地分布的切木尔切克文化相邻，1963 年在阿勒泰克尔木齐公社（后改称切木尔切克）发掘了 32 座此种文化面貌的石人、石棺墓，出土刀、矛、镞、镜、马具等 9 件铜器（图三，3～8），矛为红铜

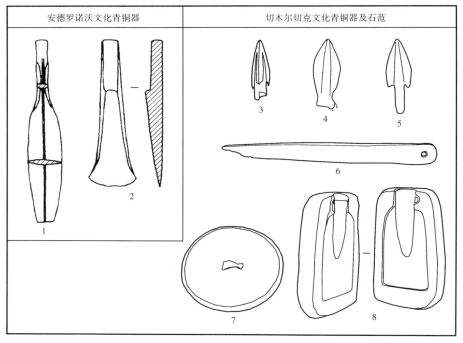

图三　阿尔泰与准噶尔地区青铜器及石范

1、2. 塔城　3～8. 克尔木齐

打制，素面镜与中原地区战国时代镜相似，同时还出土了刀、锛、扣、钉等铁器[8]。此地西距阿舍勒铜矿约200千米，该矿西北约50千米有哈巴河县的萨尔布拉克铜器地点。在准噶尔西部的塔城地区则出土了安德罗诺沃文化青铜器（图三，1、2）。此外，在阿勒泰地区还有青铜短剑、刀、镞、有柄铜镜及石锥、环、铲范出土[9]，这些铜器的年代跨度在公元前二千纪前半至汉唐时期。克尔木齐石范的存在表明部分铜制品是在本地铸造的，其青铜原料就地取材的可能性也是存在的，但目前尚未有在该地区发现采矿及冶炼遗址的报告。

（2）西天山成矿带与伊犁河谷地带青铜器

伊犁河与特克斯河流域发现较多伊犁河流域文化铜器（图四，4～20），

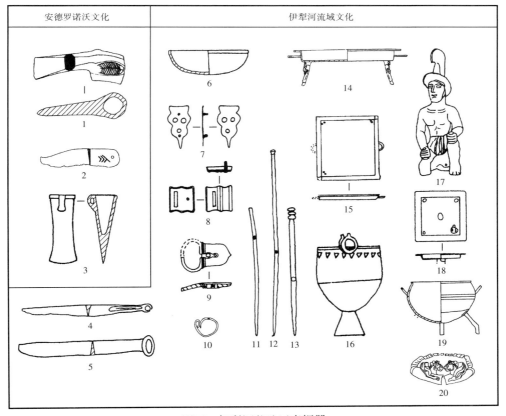

图四　伊犁河谷地区青铜器

1、2. 巩留　3. 特克斯　4. 穷科克　5～11. 奇仁托海　12. 索墩布拉克　13. 南山　14. 察布查尔
15、16. 巩留　17～20. 新源

包括昭苏县的 74 团场铜器地点、天山牧场铜器地点、夏塔铜器地点、阿克苏铜器地点，特克斯县的齐勒乌泽克铜器地点、拉克铁热克铜器地点、库石台铜器地点，巩留县的莫合尔铜器地点、阿尕尔生铜器地点，察布查尔县的索墩布拉克铜器地点，霍城县的清水河铜器地点，尼勒克县奇仁托海墓地等。此外还有奴拉赛铜矿冶遗址、圆头山铜矿冶遗址。在巩留县及特克斯县亦有安德罗诺沃文化青铜器出土（图四，1～3）。

（3）东天山成矿带与乌鲁木齐、吐鲁番盆地、哈密、巴里坤草原地区青铜器

东天山南北的含青铜器文化主要有哈密与巴里坤草原地区的天山北路文化、焉不拉克文化，以及乌鲁木齐与吐鲁番地区的苏贝希文化。天山北路文化遗址主要分布于哈密盆地及巴里坤草原，主要有天山北路墓地、南湾墓地、兰州湾子墓地，是该地区较早的青铜文化遗址，出土了以工具、饰件为主，并有少量的青铜器武器（图五，1～20）。焉不拉克文化遗址主要分布于哈密盆地及巴里坤草原，年代晚于天山北路文化，有焉不拉克墓地、五堡墓地、艾斯克霞尔墓地等，出土青铜器以工具、饰件、镞为主（图五，21～34）。这一地区尚未有冶炼遗址的报告，但在其南部有土屋铜矿和黄山铜矿。苏贝希文化分布于乌鲁木齐至吐鲁番一带，青铜器以洋海墓地、苏贝希墓地、柴窝堡墓地具代表性，北部有西泉、马营沟、渭户火烧沟冶炼遗址，南部有吐鲁番小热泉子铜矿（图五，35～45）。

（4）南天山成矿带与塔里木盆地北缘青铜器

南天山成矿带与分布在塔里木盆地北缘的和硕新塔拉遗址、察吾呼沟墓群、群巴克墓地等接近，1974 年发掘新塔拉遗址时采集到斧、镞、锥等青铜器（图六）。在这一狭长区域，发现了较多的冶铜遗址。在塔里木盆地北缘西段的阿克苏地区，有库车县阿格乡的提克买克、提克买克西、贝旳力克、克孜利亚、康村遗址，拜城县察尔其镇的滴水冶炼遗址及巴扎、盐山，克孜尔乡的阔那协尔遗址，米吉克乡的库库拉托格拉克遗址，托克逊乡的协依和塔木、吐尔买里、康其特米、库木格热木遗址，温巴什乡的乌塘、墩买里、秋木喀、温巴什、协依和买力斯、墩买里、阿特波依纳克、玛扎利亚遗址，此外还有国营羊场的亚木古鲁克冶炼遗址（唐），乌什县英阿瓦提乡的克孜布拉克东冶炼遗址、排孜路口冶炼遗址。在拜城县滴水冶

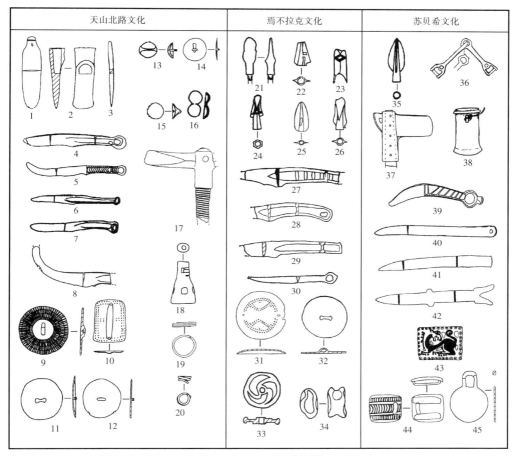

图五　东天山地区青铜器

1~16. 天山北路　17~20. 南湾　21~34. 焉不拉克　35~40. 洋海　41~43. 苏贝希　44~45. 柴窝堡

炼遗址东南约5千米，即是现代滴水铜矿矿区，可见疑似矿洞遗迹。这一区域冶炼遗址众多，距离采矿地点亦不会太远，虽然这些冶炼遗址的年代尚难以确定，但南天山成矿带之铜矿资源在古代已被开采利用的可能性是很大的。

（5）西昆仑成矿带与帕米尔高原青铜器

帕米尔高原青铜器主要有公元前二千纪前半的安德罗诺沃文化青铜器及公元前二千纪后半的香宝宝类型青铜器两个器群。安德罗诺沃文化青铜器皆小型饰件，流通而来的可能性较大。香宝宝文化青铜器则种类较丰富，

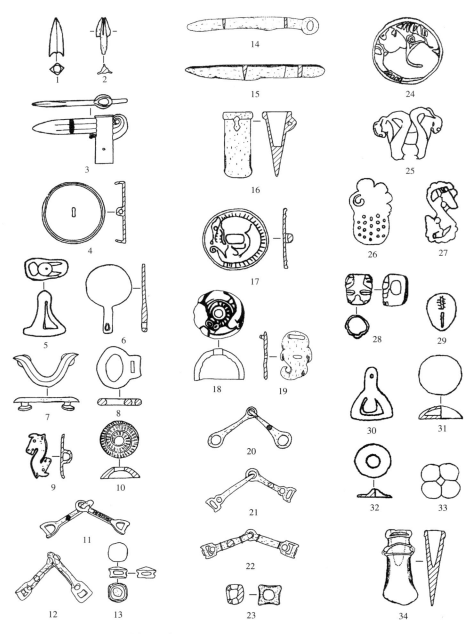

图六　南天山地区察吾呼沟口文化青铜器

1～13. 群巴克　14～23. 察吾呼沟　24～33. 包孜东　34. 新塔拉

主要遗址有香宝宝墓地和下坂地墓地，年代晚于安德罗诺沃文化，青铜器、铁器并用（图七）。这一区域已发现的冶炼遗址多位于塔什库尔干县达布达尔乡，见于报告的遗址有：阿尔沙尔、八仙尖、下阿克铁列克、上库英地尔、下库英地尔、阿依布隆、色克布拉克遗址等，其与香宝宝文化金属制品的关系有待进一步探讨。

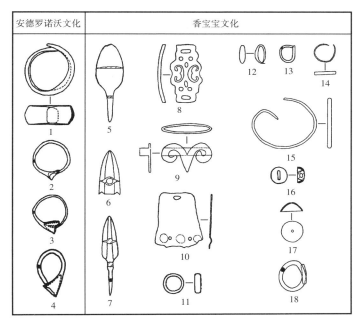

图七　帕米尔地区青铜器

1~4、18. 下坂地墓地　5~17. 香宝宝墓地

（6）东昆仑阿尔金成矿带与塔里木盆地南缘青铜器

与东昆仑及阿尔金山成矿带靠近的区域出土青铜较少，主要有尼雅北采集的新塔拉类型青铜器（图八，1~7），以及扎滚鲁克墓地出土的所谓察吾呼沟口文化青铜器（图八，8、9）。另外在罗布泊一带的古墓沟墓地、小河墓地也出土了零星小件铜器，其东面百余千米则发现了 LK 东北冶炼遗址。这一区域虽然有少量青铜器分布，但已知铜矿点则分布较远。如西部的皮山县托满铜矿、和田玉龙哈什河铜矿西距尼雅约 300~400 千米，而小河及古墓沟墓地东南方向若羌县的索尔库里北山铜矿点、大通沟北山铜矿

点则相去约 200 千米。

四　结语

安德罗诺沃文化青铜器的分布在新疆境内纵贯阿尔泰、西天山、西昆仑成矿带，这实际上是安德罗诺沃文化分布的东部边缘，其西边则到达乌拉尔河流域，其原料可能有多个产地，青铜器或为流通而来，但也不排除其中包含新疆境内产出的可能性。此外，前述新疆境内的六个铜成矿带则与诸土著文化青铜器出土地点的分布基本对应（图九）。

新疆区内青铜器原料取自其文化分布范围内的

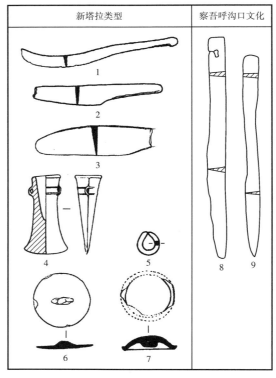

图八　塔里木盆地南缘青铜器
1～7. 尼雅北采集　8、9. 扎滚鲁克墓地

矿山，在当地冶炼并制作的可能性很大，但区内经过考古发掘的矿冶遗址很少，在考古调查中发现的矿冶遗址除塔里木盆地北缘外，也比较少见。尼勒克县境内的奴拉赛铜矿，约开采于公元前一千纪中叶，该遗址出土的采矿工具——亚腰形石锤则与山西、河北、内蒙古及蒙古国所出极为相似，可见多地采矿、选矿技术的共性。库车县提克买克、可可沙依、贝迪勒克等冶铜遗址，据发掘者判断属西汉至魏晋时期。拜城县滴水铜矿四周仍可见古代采冶遗迹。乌鲁木齐的达坂城铜矿、木垒的波斯唐铜矿，以及阿克陶县的卡拉玛铜矿则是清至民国时期被间歇开采。

此外，作为青铜合金之重要配料的锡，在北部中国亦主要分布在新疆地区，阿图什市霍什布拉克，阿克苏破城子，若羌县柯可—卡尔德，哈密市明锡山，清河县野马泉、贝勒库都克，奇台县也巴泉—北塔山、萨惹什

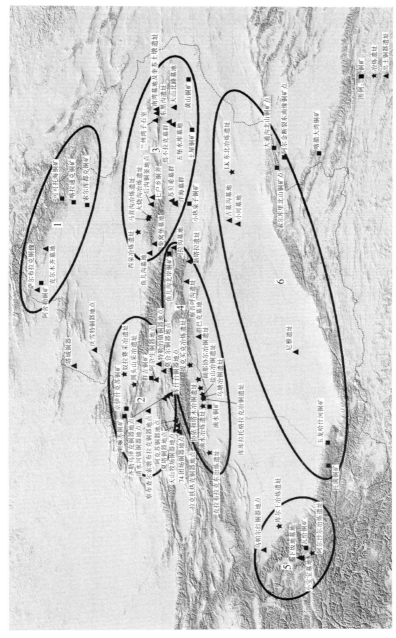

图九　新疆出土铜器地点与铜矿的地域关系

克，富蕴县卡玛斯特甘梁子、卡姆斯特等地都发现了锡矿。铅矿的分布在区内则更为广泛。砷铜合金之含砷矿物及毒砂在阿克陶县卡拉玛铜矿、玛纳斯县沙尔通木索砷铜矿也有蕴藏[10]。

综上所述，新疆地区具备青铜器制造所需的全部矿产资源。在上述六个区域内，铜矿点、冶炼遗址与考古学文化的分布及交通条件有较强的关联，但已发现的采矿遗址非常稀少，冶炼遗址的分布也不均衡。因此，在新疆各地开展考古工作时，有必要进一步关注古代青铜器的原料产地、流通和矿冶遗址的文化归属问题。

注　释

[1] 龚国强：《新疆地区早期铜器略论》，《考古》1997 年第 9 期。

[2] Mei Jianjun, *Copper and Bronze Metallurgy in Late Prehistoric Xinjiang: Its Cultural Context and Relationship with Neighboring Regions*, BAR International Series 865, 2000.

[3] 水涛：《新疆青铜时代诸文化的比较研究》，《中国西北地区青铜时代考古论集》，科学出版社，2001 年。

[4] 韩建业：《新疆的青铜时代和早期铁器时代文化》第 4 页，文物出版社，2007 年。

[5] 吕恩国、常喜恩、王炳华：《新疆青铜时代考古文化浅论》，《新疆新石器时代与青铜时代》第 325 页，文物出版社，2008 年。

[6] 李水城：《西北与中原早期冶铜业的区域特征及交互作用》，《东风西渐——中国西北史前文化之进程》第 258 页，文物出版社，2009 年。

[7] 戴自希、白冶、吴初国等：《中国西部和毗邻国家铜金找矿潜力的对比研究》，地质出版社，2001 年。

[8] 新疆社会科学院考古研究所：《克尔木齐古墓群发掘简报》，《新疆文物考古新收获》（1979～1989）第 176 页，新疆人民出版社，1995 年。

[9] 王林山、王博编著：《中国阿尔泰山草原文物》第 53 页，新疆美术摄影出版社，1996 年。

[10] 陈哲夫：《新疆铜矿类型与找矿靶区》，《新疆地质》2003 年第 2 期，第 190～192 页。

The Distribution of Ancient Bronzes and Copper Resources in Xinjiang

Li Gang

It is a main copper metallogenic zone in Xinjiang area among Altai, Tianshan, Kunlun Mountains and Junggar, Tarim Basins. It is suitable habitat, also there distributed with some archaeological cultures found bronzes. In this paper, we separate six associated areas according to the deposits, traffic conditions and bronze cultural attributes. It helps to draw approximate range to explore the possible existence of mining and smelting and casting sites, thus to verify the Xinjiang area copper mine metallurgy, local products and so on.

吐鲁番地区早期铁器时代考古[*]

张良仁[1]　　吕恩国[2,3]　　张　勇[3]

（1. 南京大学历史学院　2. 新疆文物考古研究所　3. 吐鲁番学研究院）

一　前言

　　吐鲁番盆地位于新疆东部，三面环山，北、西面为天山，南面为觉罗塔格山包围，东面敞开。盆地海拔低，平均只有 30 米，其中心的艾丁湖更是低至 –154. 31 米。这里光照强烈，热量难以散发，因此夏天温度高，7 月份日均温度为 32.2℃，最高达 48.1℃；而冬天寒冷，1 月份日均温度为 –7. 6℃，最低达 –28.9℃；同时又地处内陆，来自太平洋和印度洋的水汽无法到达这里，而来自大西洋的水汽因为天山截留，无法进入盆地，所以盆地内雨水稀少，年降水量只有 15. 7 毫米。高温少雨的温带大陆性气候形成了大面积的沙漠以及横亘盆地中部的火焰山。不过天山下来的雪水养育了盆地内的绿洲，为农业的发展提供了保障，因此吐鲁番盆地成为古代丝绸之路的一个重要中转站，向东经哈密盆地、河西走廊连接中原的都城长安和洛阳，向西沿天山北麓通往欧亚草原或者沿天山南麓抵达中亚和南亚。欧亚草原、中亚、南亚和中原的人群曾经迁徙到这里，在这里交往和融合，因此盆地内积累了丰富多样的古代遗迹和遗物；而干燥的气候又使得这里的地上和地下有机物长年不腐，保存至今。

　　19 世纪后期和 20 世纪前期，许多外国学者和探险家进入我国新疆，进行

＊　本文为国家社科基金项目"新疆史前冶金"（11BKG007）的阶段性成果。

各种调查发掘活动，由此掀开了吐鲁番地区古代文化研究的序幕。1928 年，中国学者参与了瑞典学者斯文·赫定组织的"西北科学考察团"，开始了对吐鲁番等地的科学考察。其中黄文弼于 1928 年和 1931 年两次对吐鲁番高昌故城和交河故城及其附近的墓葬作了考察和发掘，还调查了古遗址和寺窟。20 世纪 50 年代末以后，新疆的田野工作一度集中在阿斯塔那—哈拉和卓墓地和交河故城上。1976 年这些发掘工作结束以后，人们的注意力才逐渐转移到史前遗址上，先后发掘了阿拉沟东口、苏贝希一号、艾丁湖、东风机器厂、博斯坦、洋海、三个桥、交河沟西、胜金店[1] 和加依墓地[2]（图一）。学术界过去曾将这些遗址归入雅尔湖沟北类型，后来归入"苏贝希文化"。有人认为它与文献记载中西汉以前的小国姑师对应，因此命名为姑师（车师）文化。因为苏贝希文化的年代与分布范围都与之重合，这种看法不无道理[3]。

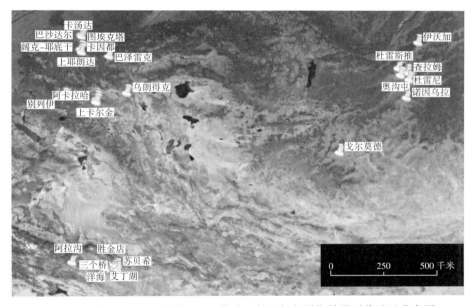

图一　吐鲁番地区、阿尔泰山区、蒙古和外贝加尔早期铁器时代遗址分布图

　　由于高昌故城、交河故城、阿斯塔纳墓地、柏孜克里克、胜金口石窟等遗址的发现和发掘，我们了解了历史时期的各种宗教和文化进入吐鲁番地区并生根发芽的情况。但是这里的史前文化是如何起源和发展的？本文将试图回答这个问题。当然以前不少研究者回答过这个问题，取得了一些

认识[4]。不过本文将着重比较分析吐鲁番地区和欧亚草原同时期的文化，以便观察当时的文化互动和人群迁徙。在上述墓地中，洋海墓地经过大规模发掘，发表资料也比较丰富。本文将根据这个墓地的分期，统一吐鲁番地区史前墓地的分期，归纳各期文化的特征。在此基础上分析它们与欧亚草原的同时期文化即巴泽雷克和匈奴之间的联系，探讨吐鲁番史前居民的生活方式和来源。

二　吐鲁番地区墓地分期

1. 洋海墓地

洋海墓地位于火焰山南麓，鄯善县吐峪沟乡洋海阿斯喀勒村西北。墓葬主要分布在相对独立的三块台地上，其中 I 号墓地（西）长 300、宽 50 米，面积 1.5 万平方米，有 1000 余座墓葬；II 号墓地（东）长 300、宽 80 米，面积 2.5 万平方米，有 1500 余座墓葬；III 号墓地（南）长 150、宽 100 米，面积 1.5 万平方米，墓葬约 500 座（图二）。除此之外，在西北和东南部的许多类似的小台地上，还零星分布着一些墓葬。墓地地表为沙砾戈壁，下面为第四纪黄土层。三片墓地是附近农民维修坎儿井时发现的，20 世纪 80 年代以后不断遭受盗掘，其中 1987 年最为严重，80 座墓葬遭到破坏[5]。因此 1988 年新疆文物考古研究所在 I、II 号墓地抢救发掘了 82 座墓葬（包括被盗、被扰的在内），但是这批墓葬的发掘资料迄今没有发表[6]。2003 年春，又有 40 座墓葬被盗，同年 3～5 月，新疆文物考古研究所和吐鲁番地区文物局共同组建考古队，对洋海墓地进行了抢救性发掘，共清理、发掘墓葬 521 座，其中 I 号墓地 218 座[7]，II 号墓地 223 座[8]，III 号墓地 80 座。此墓地的发掘资料已经部分发表[9]，完整的发掘报告已经整理完毕，目前正在编辑准备出版[10]。

发掘者将墓葬分了四类，并按照墓葬类型分了四期[11]。A 类为椭圆形竖穴墓，有的底部周围有生土二层台。此类墓有 29 座，发掘者选择报道了 4 座（IM21、IM67、IM145、IM150），可惜 IM67 和 IM145 出土的器物都没有发表（部分墓葬报道了器物，而没有报道形制和葬俗）。B 类为竖穴二层台墓，但是形状为长方形，墓底或墓口的周围有二层台。此类墓 65 座，

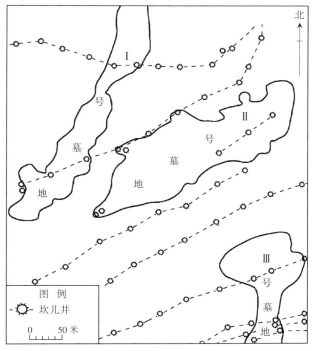

图二　洋海墓地分布图

发掘者选择报道了 5 座（ⅠM5、ⅠM20、ⅠM90、ⅠM157、ⅡM284），另外 7
座（ⅠM80、ⅠM48、ⅠM99、ⅠM130、ⅠM113、ⅠM142、ⅢM366）只报道
了部分资料，没有报道出土器物（部分墓葬报道了器物，而没有报道形制
和葬俗）。C 类为长方形竖穴土坑墓，墓室小而浅，无二层台。此类墓 370
座，发掘者选择报道了 17 座（ⅠM1、ⅠM169、ⅠM189、ⅠM195、ⅡM14、
ⅡM60、ⅡM86、ⅡM154、ⅡM202、ⅡM260、ⅡM272、ⅡM273、
ⅡM2054、ⅡM2063、ⅡM2211、ⅢM353、ⅢM364），另外 8 座（ⅠM75、
ⅡM2005、ⅡM2038、ⅡM2042、ⅡM2052、ⅢM358、ⅢM360、ⅢM362）只
报道了部分资料，没有报道出土器物。此三类墓葬，有一部分底部有木床，
由四圆木足和方木床架（四足与床架由榫卯连接）构成框架，然后由细木
铺成床面。同时它们的二层台或墓口安放木头，上面放置细木，再放枯树、
树枝和干草，最后填土。D 类为竖穴偏室墓，即在长方形竖穴的一侧下部掏
挖出偏室，部分墓葬的口部用木棒或土坯封堵，外面覆盖苇席。有些墓葬

（ⅢM249）的地面上还有围墙和环形封堆[12]。此类墓有 57 座，发掘者选择报道了 10 座（ⅢM1、ⅢM18、ⅢM39、ⅡM243、ⅡM2206、ⅡM2211、ⅢM315、ⅢM329、ⅢM371、ⅢM376），其他 4 座（ⅡM249、ⅡM2005、ⅢM316、ⅢM318）只报道了部分资料，没有公布出土器物。与前三类不同的是，此类墓没有木床。各期的墓葬绝大多数为东西向，只有少数为南北向。

发掘者认为 A、B 两类墓葬属于第一期，年代大约为公元前 13 ~ 前 9 世纪。不过此前测得的 2 个（来自ⅠM21 和ⅠM5）碳 – 14 年代数据为公元前920 ~ 前 710 年（经树轮校正，下同），稍偏晚；后来测得的 4 个羊毛样品的数据（来自ⅠM21 和ⅠM157）要早些，落在公元前 1122 ~ 前 926 年和公元前 1261 ~ 前 1041 年之间[13]。这类墓葬很少出土陶器，而常出土铜刀和铜斧，流行单人屈肢葬。该类ⅠM21 出土的铜铃、铜刀、铜泡和ⅠM150 出土的铜镞都与哈密地区焉不拉克墓地出土的同类器接近[14]（图三）。C 类墓葬属于第二期，年代为公元前 9 ~ 前 3 世纪。此前测得的 2 个（ⅠM90、ⅡM63）数据分别为公元前 770 ~ 前 480 年和公元前 790 ~ 前 480 年。后来测得的大麻和葡萄藤样品（ⅠM90、ⅡM213、ⅡM2069）的数据为公元前630 ± 95、805 ± 13 和 305 ± 65 年，也落在这个范围内[15]。本期随葬品大量出现单耳罐、单耳杯、壶和豆，并且绘竖条纹、涡纹、锯齿纹和网纹。本类墓葬ⅠM189 出土的角马镳和铜马衔与黑沟梁墓地出土的同类器接近，两者年代大体同时。ⅠM20 出土的陶单耳壶，细颈鼓腹，与哈萨克斯坦别列伊（Berel'）墓地 8 号冢出土的无耳陶壶接近[16]，只是前者施彩，而后者素面（图四）。D 类墓葬属于第三期，年代为公元前 2 ~ 公元 2 世纪，大体相当于匈奴时期或者两汉时期。已经测得的碳 – 14 数据只有 1 个（ⅢM76），为公元前 490 ~ 前 160 年。本期墓葬流行仰身直肢葬，全为一次葬。陶器已经不见彩陶，器类简单，只有单耳杯、单耳罐和钵，而环耳位于腹部，它们和弓箭、木冠和木盘一起构成了本类墓葬的常见组合。本期ⅢM1 出土的两枚铜牌，长方形，两端各钻两孔或一孔，常见于宁夏倒墩子墓地[17]、俄罗斯伊沃加（Ivolga）城址的房屋[18]、伊沃加墓地的墓葬[19]、杜雷斯推（Durestuĭ）墓地的墓葬[20]（图五）。需要说明的是，这种按照墓葬类型分期的方法是值得商榷的。属于 B 类的ⅠM5 按照这种方法应归入第一期，但是该墓出土的长方形环首马衔、柳叶形铜刀和三孔角马镳，如果参照俄罗

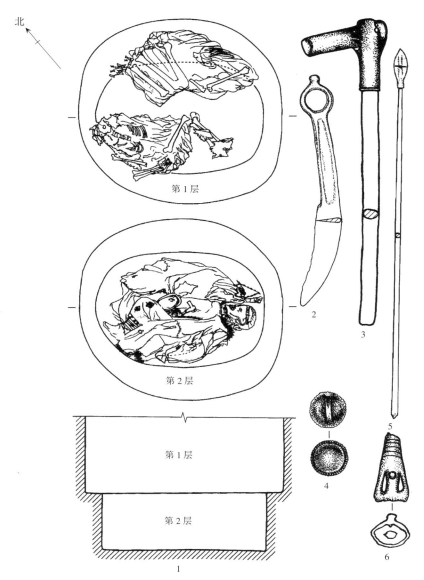

图三　洋海第一期墓葬和金属器

1. ⅠM21　2. ⅠM21：1　3. ⅠM21：6　4. ⅠM21：7　5. ⅠM150：5　6. ⅠM21：13

斯米努辛斯克盆地的文化序列，与塔加尔文化接近。同样属于 B 类的 ⅠM90
出土了一件陶杯，系泥质红陶，口沿内侧绘细密的锯齿纹，外壁绘粗大的

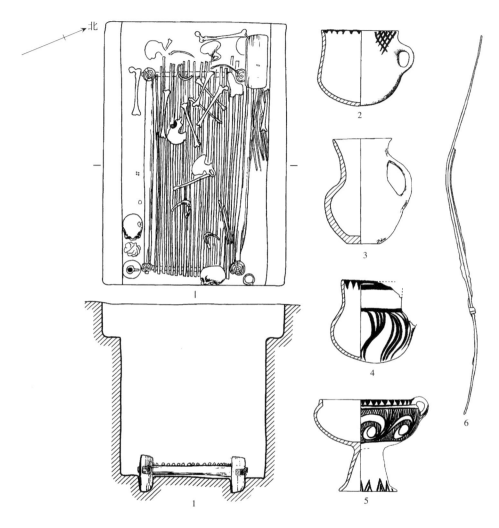

图四　洋海第二期墓葬和随葬品

1. ⅠM20　2. ⅠM20：4　3. ⅠM20：2　4. ⅡM60：2　5. ⅡM154：3　6. ⅠM20：2

三角纹，风格与 C 类的 ⅠM169 出土的陶豆和 ⅡM60 的单耳罐的纹样接近。
它们与焉不拉克文化盛行的内填 S 纹的彩陶相距甚远[21]，应晚于焉不拉克
文化，应归入第二期。该墓出土的箜篌也与巴泽雷克二号冢出土的同类器
（公元前 5～前 3 世纪）相似[22]，年代也接近，可为佐证。这样归总起来，
上述墓葬重新分期如下（表一）：

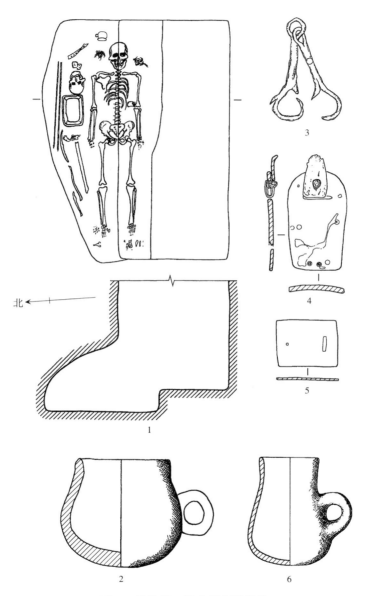

图五　洋海第三期墓葬和随葬品

1. ⅢM1　2. ⅢM39：2　3. ⅢM1：1　4. ⅢM1：7　5. ⅢM1：10　6. ⅢM39：3

表一　洋海墓地分期

期别	A、B 类	C 类	D 类
第一期 （焉不拉克）	Ⅰ M21、Ⅰ M67、Ⅰ M145、Ⅰ M150、Ⅰ M157、Ⅱ M284		
第二期 （塔加尔）	Ⅰ M1、Ⅰ M5、Ⅰ M20、Ⅰ M90	Ⅰ M169、Ⅰ M189、Ⅰ M195、Ⅱ M14、Ⅱ M60、Ⅱ M86、Ⅱ M154、Ⅱ M202、Ⅱ M260、Ⅱ M272、Ⅱ M273、Ⅱ M2054、Ⅱ M2063、Ⅲ M353、Ⅲ M364	
第三期 （两汉）			Ⅲ M1、Ⅲ M18、Ⅲ M39、Ⅱ M243、Ⅱ M2206、Ⅱ M2211、Ⅲ M315、Ⅲ M329、Ⅲ M371、Ⅲ M376

　　人们在洋海墓地收集了三批头骨材料，其形态特征和测量数据部分接近于欧罗巴人种，部分接近于蒙古人种，说明混血程度较深[23]。

　　因为地处戈壁，洋海墓地出土了大量的陶器、木器、骨器和皮毛质器物。其中有生火用的取火板，炊食用的陶罐、陶壶、木碗和木盘，纺织用的纺轮，奏乐用的竖琴，驭马用的皮辔、木鞭杆，狩猎用的木弓和木箭、皮射鞲、弓箭袋，装饰用的毛发罩、毛编织带，以及睡觉用的皮枕。此外还有不少服装。死者头戴羊皮帽，额头系彩色毛编织带，两耳戴金或铜耳环，身穿翻领毛大衣和毛织裤，脚穿长靿皮靴。有的死者随葬有栽绒毛毯（Ⅰ M90、Ⅰ M189），在红底上有蓝、绿和黄色水波纹，与部分彩陶的纹样相同。到了第三期，部分墓葬（Ⅲ M329、Ⅲ M376）出现了棉衣和棉裙。

　　洋海墓地出土的金属器很少，三期墓葬的变化明显。第一期墓葬除了铜斧、铜刀，还有铜铃和装饰射鞲、编织带的铜扣；第二期的金属器很少，只有铜马衔、铁马镳（发掘者称带扣）和铜刀，不见铜铃和铜扣；第三期也不多，只有铜牌、铁马衔、金箔和铁刀。因为目前见到的发掘资料不全，这种变化可能没有普遍性。不过该墓地显然缺乏金属器，这样看来吐鲁番地区的金属资源比较匮乏，可能主要依靠外地输入。

2. 苏贝希墓地

苏贝希（曾称为苏巴什）村隶属于鄯善县吐峪沟乡，位于火焰山北侧，发源于博格达山的地下水在这里露出地面，形成吐峪沟。苏贝希为维语地名，意为水的源头，指苏贝希是吐峪沟的源头。吐峪沟切断火焰山，流向吐鲁番盆地。1980 年以来新疆考古工作者在该村周围发现了一处居址和三处墓地，其中 Ⅱ 号墓地的大部分墓葬遭到盗掘；只有居址和 Ⅰ、Ⅲ 号墓地经过正式发掘。居址位于村南 3 千米的吐峪沟西侧的台地上。台地呈三角形，长宽约 90 米，面积 4000 余平方米，高出周围的沟床最多 10 米[24]。由于早年农民挖土积肥和盗掘，遗址破坏严重，地表散落了许多石器、陶器和毛织品碎片。1992 年新疆文物考古研究所和吐鲁番地区博物馆在居址的北面、东南和西南面各开了一个探方，发现三座房屋和进出台地的三条道路。其中 F1 保存较好，由三个单间构成，长 13.6、宽 8.5 米，里面发现了长方形池、圆池和火塘。发掘者认为其中一间用于居住，一间用于圈养牲畜，一间用于制陶，不过房子只发现了磨盘、石杵和一些陶片，证据似乎不足[25]。所有的器物都出于表土层，里面有马鞍形石磨盘、石磨棒和石纺轮。陶器可复原的很少，据称器形有釜、罐、钵和杯，常见彩陶多为壶和杯，纹样主要有涡纹和网纹[26]。

Ⅰ 号墓地位于居址以北 600 米处，西邻山岗，东临吐峪沟，面积 3000 余平方米。该墓地共发现 52 座墓葬。1980 年新疆博物馆和吐鲁番地区文管所曾发掘 8 座，1985 年该墓地遭到盗掘，50 多座墓葬遭到破坏[27]。1988 年编号为 Ⅰ 号，以便与 Ⅱ、Ⅲ 号相区分。1992 年新疆文物考古研究所和吐鲁番地区博物馆发掘 5 座，其余 39 座全部被盗。墓葬的地表一般都有黑色砾石封堆，长 3、宽 2、高 0.2 米；墓室形制有竖穴土坑和竖穴偏室两种，竖穴偏室墓是在竖穴墓道的一侧掏挖墓室，埋人后墓室口部用圆木封闭，墓道口部用树枝、芦苇和杂草封闭，上面堆积封土。但是两类墓葬在其余方面差别不大。它们大多东西向，部分墓底放置木床，木床用木头或树枝做框架，上面铺树枝或毛毡做床面，停放 1 男 2 女或 1 男 1 女，有的时候还有幼儿，均仰身直肢，他们应该是夫妻或者家人。填土中有时再次埋人。此墓地的墓葬在形制和葬俗上与洋海墓地差别较大[28]。

　　Ⅲ号墓地位于苏贝希居址西南180米。墓地所在台地长40、宽16米，地表覆盖了一层长年冲积而成的沙石层，不见遗物，也不见封堆，因此不为人所知，保存完好。1991年冬，吐峪沟乡修建由火焰山南麓的乡政府连接苏贝希村和312国道的道路，沿途开山填壑，因此推出了3座墓葬，吐鲁番地区博物馆随即清理了其中的2座，后来新疆文物考古研究所和吐鲁番地区博物馆联合布方发掘，清理墓葬30座，将这个墓地发掘完毕。墓葬分布均匀，没有打破和叠压现象。墓葬方向多为东西向。Ⅲ号墓地只有1座竖穴偏室墓M25，与Ⅰ号墓地一样，墓室口放置圆木，外敷芦苇和干草，与Ⅰ号墓口的覆盖物相似。其余29座均为竖穴土坑墓，一般为深达2米的长方形土坑，坑底铺垫细沙，上面放置芦苇捆扎的垫子。墓内往往埋有男女二人，有时还有幼儿，可能也是夫妻或家庭合葬墓。死者仰身屈肢，头前或身侧放置随葬品。墓室内没有填土，墓口搭棚木，上面压草绳捆扎的芦苇，再放一层草垫，顶部用黄泥或石块压实[29]。

　　两处墓地在地面设施和葬具上都非常接近，应该属于同一个文化，同一个时期。虽然Ⅲ号墓地的死者头部下面往往有皮枕，但是他们在服装和服饰上与Ⅰ号墓地差异不大。竖穴土坑墓M11下层墓主的服装保存较好。与洋海墓地不同的是，男性头戴盔形毡帽；女性梳双辫，分别套黑色的发套，盘绕在头上，用木笄固定或将其固定在圈形毡托上，头戴尖筒形皮帽。但是其他服装与洋海相似，男性上身穿圆领长袖毛织衣，外套开襟羊皮大衣，下身穿毛织裤，外套过膝长勒毡靴；女性上身同样穿黑色圆领长袖毛织衣，外套开襟长袖羊皮大衣，但是下身穿彩色毛织裙，脚穿短勒皮靴，左手戴一只皮手套，面部盖毛布和羊皮覆面各一块；婴儿裹毛布。所有死者的身上都裹着毛毡[30]。

　　发掘者认为两类墓葬代表前后延续的两期，竖穴土坑墓在前，竖穴偏室墓在后。这是不无道理的，因为两类墓葬的随葬品也存在显著的不同。竖穴土坑墓出土的单耳壶，有圆腹者，有平底者，也有绘连续涡纹者。这些器物与甘青地区的卡约文化接近。双耳鍪釜和双耳鍪钵的耳鍪为安装在器物上的横向把手，这种器物与阿尔泰山区巴泽雷克文化墓地的同类器相似[31]。其他器类还有豆、高足杯、钵，它们见于洋海墓地，但不同的是，彩陶较少。竖穴偏室墓器类较少，有双耳釜、单耳罐、单耳杯和钵，它们的环耳都在腹部，这些特征都与洋海墓地的相同。此外，这类墓葬还有带流罐，器形与察吾呼文化的相同，但是没有彩绘[32]。

如此看来，竖穴土坑墓和竖穴偏室墓确实代表了两期，分别相当于中原的东周和西汉时期。经与洋海墓地的陶器资料比较，可知两者分别对应后者的 C 类和 D 类，也就是第二、三期。发掘者采集了 4 座墓葬的木头做了年代测定。经树轮校正后，ⅠM8、ⅠM13、ⅢM15（第二期）的年代分别为距今 3335 ± 145、2420 ± 90、2520 ± 95 和 2285 ± 90 年，前者明显偏老，后三者接近真实年代，本期年代应该是公元前 5 ~ 前 3 世纪。ⅠM3（第三期）的年代为距今 2220 ± 85 年，大体相当于西汉。发掘者认为两期都属于苏贝希文化，都是姑师人留下的遗存[33]。从上述分析来看，两期的文化面貌有延续性，但是两者在服饰、发饰和随葬品方面存在很大的差别，这种差别是风格的变化还是人群的差异造成的，目前还难以判断，两期是否属于同一文化也不好确定。

除了上述的陶器和服装，苏贝希两处墓地的其他物质文化与洋海墓地接近。这里也出土了日常生活需要的取火板、木碗、化妆棒和角梳，狩猎用的弓箭和弓箭袋。不过苏贝希墓地的有机质遗物保存更好，出土了洋海墓地所没有的皮鞍以及女性面部所盖的羊皮和毛布。同时，两处墓地的人种构成也非常接近。苏贝希墓地出土的金属器也很少。这固然与墓地被盗有关，但主要原因恐怕是本来就少。除了第二期的 2 件铜耳环和铜镜，以及第三期的铜兽首、铜觿和铜牌各 1 件，其他都是铁器。这反映了当时铁开始普及，已经取代铜来生产刀、扣、马衔和带钩等传统铜质产品。

通过人类学观察与测量，苏贝希两处墓地出土的 19 具头骨中，13 具接近大欧洲人种（分属原始欧洲、地中海和中亚两河三个类型），3 具接近蒙古人种（东北亚、南亚类型），3 具属于混合人种。其中三号墓地 M17 出土了 4 具头骨，其中两具为欧洲人种，一具蒙古人种，一具混合人种。如果同墓出土的四人属于同一家庭，那么他们构了一个混血家庭[34]。

3. 胜金店墓地

胜金店墓地位于火焰山北侧的山坡上，胜金乡胜金店村南，西距吐鲁番市 40 千米。由于墓葬表面覆盖了很厚的淤积层，地表没有任何迹象，因此没有遭受盗掘。在配合 312 国道复线工程建设的考古调查中，新疆的考古工作者发现了这处墓地。2006 年 5 月新疆文物考古研究所在公路北侧做了一次发掘，2007 年修路时，挖掘机在公路南侧的山坡上取土时，挖出了人骨和器物。同年 10 月吐鲁番学研究院考古研究所在此发掘了 26 座墓葬，2008 年 4 月又发掘了 5 座墓葬，两次共发掘墓葬 31 座。现存墓地呈椭圆形，南北长 42 米，东西宽 23 米。墓葬分布均匀，间隔 3~8 米，排列有序，没有打破、叠压现象。少量成人墓旁有儿童祔葬墓。

　　墓葬形制有三类，相当于洋海墓地的 B、C、D 类。B 类为竖穴土坑二层台墓，墓室两侧有二层台，上面有圆木或厚木板搭成的棚顶，上面覆盖毛毡或芦苇编成的席子，其上再覆盖枸杞、芦苇、糜子、香蒲、麦的茎秆。最后用黏土压实，将墓口封严。C 类为长方形竖穴土坑墓，没有二层台，但是墓口搭建有类似于 B 类的覆盖物。D 类为竖穴偏室墓，墓室以成排的木梁封闭，上面再覆盖毛毡或草席，其上再覆盖植物茎秆。墓口以同样的方式再次封闭。三类墓葬均有木床，床上还有用柳枝和皮条捆扎而成的拱形床罩[35]（图六）。

图六　胜金店 B 类墓葬（M9）木床、棚盖

上述墓葬中，B 类报道了 M9 和 M13 两座；C 类报道了 M3 和 M29 两座；D 类报道了 M2 和 M20 两座[36]。发掘者认为这些墓葬都属于苏贝希文化，而苏贝希文化延续时间很长，上达青铜时代，下至西汉。尽管它们的形制有些变化，但是发掘者认为整个墓地都属于西汉时期，碳 - 14 测年数据距今 2200～2050 年可为佐证；同时发掘者推测墓主是姑师人[37]。可以看到，这些墓葬的器物组合为单耳杯、双耳罐、钵和木盘，而且单耳杯和双耳罐的耳錾都位于中腹，与洋海墓地的第三期墓葬相同。有些陶器虽然也施红色陶衣，但是都是素面，没有彩绘，也和洋海墓地的第三期相同。

由于气候干燥，尽管曾经遭受洪水，胜金店墓地仍然出土了许多木器、骨器、皮革制品和毛织物。与洋海墓地一样，木器中的弓箭是男性墓主的标准装备。有些墓主还随葬石器、玛瑙珠和玻璃珠等装饰品，但是金属器很少。上述墓葬中，M2 和 M9 没有出土金属器。其余 4 座出土的金属器中，没有铜质工具和武器，只有镜和耳环是铜质的；铁刀多见，见于 3 座墓葬；原先为铜质器物的带扣现在也用铁来制作。金耳环与洋海一期的不同，上面镶嵌了红玛瑙和绿松石，同时串珠用红玛瑙、绿色和紫色玻璃等各种颜色的材料制作而成。看来本期的居民更加注重颜色的丰富。

4. 三个桥墓地

三个桥墓地位于鄯善县鲁克沁镇三个桥村南约 1.5 千米处，鲁克沁绿洲以南的荒漠戈壁上，集中于两个台地上。20 世纪 80 年代后期，该墓地遭到较大规模的盗掘，挖开的墓葬随处可见，人骨、兽骨遍地分布。1990 年新疆文物考古研究所、吐鲁番地区博物馆和鄯善县文化局进行了抢救发掘，编号 36 座墓葬，实际清理 27 座[38]。其中属于历史时期的墓葬 9 座；属于史前时期的墓葬 18 座，竖穴土坑墓 17 座，竖穴偏室墓 1 座。上述墓葬都是东西向。由于大部分墓葬被盗，死者的葬式、服饰和随葬品都不完整。但是从保存较好的墓葬来看，三个桥墓地的文化内涵与苏贝希墓地十分接近。常见多人葬，女性与儿童合葬者，也有一男三女合葬者；仰身直肢葬有之，侧身屈肢葬有之。死者头下有皮枕，身穿皮衣皮靴皮套，因简报叙述简略，详情不明。从出土的陶器来看，两类墓葬没有差别，都有单耳壶、单耳罐、单耳杯，其中有圜底者，也有平底者；彩陶较少，图案均为变形三角纹和爪纹。单耳杯的耳都在口沿与上腹之间，杯都还有鸡冠鋬。因此两类墓葬都相当于洋海的第二期。其他随葬品与苏贝希文化的其他墓地相似，有木盘、木拐杖、直角木器、骨梳、石化妆棒、砺石。服饰有皮大衣、彩色毛织裙，样式与苏贝希墓地的相同。不过一位墓主（M13）的发饰非常独特，头发向后梳至枕骨分为两股，然后介入两条假辫中，再套上两个辫罩；这种发饰不见于洋海、苏贝希和胜金店墓地。三个桥墓地还随葬羊肉和糜制食品。不过该墓地还有 6 个殉马和殉驼坑，发掘者认为与史前时期的墓葬相关，若此，那也是该墓地与苏贝希文化其他墓地不同的地方。

5. 艾丁湖墓地

艾丁湖墓地位于吐鲁番艾丁湖公社西北 8 千米的一片黄土地。1980 年，艾丁湖乡团结三队的两名社员发现了这个墓地。由于风蚀严重，所有墓葬的上半部分已经消失，只剩下 0.2 ~ 0.5 米的墓室底部，不少墓葬的随葬品露出地表。新疆维吾尔自治区博物馆和吐鲁番地区文管所发掘了 50 座已经扰乱的墓葬，另外还采集了 60 余件陶器和一些铜器、铁器、石器。墓葬全部为竖穴土坑墓，均为单人葬，葬式均为仰身直肢，头均向西。人骨保存不好，而皮质和毛质服装都没有保存下来。陶器器类有壶、单耳罐、盆、钵和杯，有平底者，也有圜底者，彩陶纹样有锯齿纹、涡纹、网纹和变体三角纹。此外还有带有鸡冠鋬的盆和吐鲁番地区少见的三足鼎和盂。发掘者根据墓地出土的马纹铜牌和铜镜，认为该墓地的年代为西汉时期[39]。但是从墓葬形制、陶器和其他遗物来看，该墓地的年代属于早期铁器时代，与洋海的第二期接近。

6. 喀格恰克墓地

喀格恰克墓地位于托克逊县喀格恰克村内，戈壁滩上的一个高岗上。这里一共发现了 18 座墓葬，1983 年 4 月，该墓地遭到不同程度的破坏，盗掘出土的彩陶、毛织物和皮制品散落在地面上。同年吐鲁番地区文管所清理了这些墓葬，其中 3 座已经完全破坏；其余 15 座墓葬得到了清理，2 座经过扰乱，13 座基本完好。地表没有明显的封堆，墓葬均为竖穴土坑墓，大体东西向。墓室较小而浅，长 1.5 ~ 2、宽 1 ~ 1.2、深 1.2 ~ 1.76 米。由于墓底潮湿，人骨大多已经腐朽；但是墓室上部干燥，封闭墓口的木棍和苇席保存完好。其上原先有封土，后因木棍和苇席腐朽塌入墓室。其布局同苏贝希Ⅲ号墓地。因地面被破坏，墓上情况不明。陶器器类有单耳壶、单耳罐、杯、钵和盆，彩陶纹样有网纹、平行线、涡纹和三角纹。这些特征与苏贝希墓地一致，但彩陶更为丰富，占陶器的一半左右。不过该墓地出土的陶质明器和木俑，是其他墓地所不见的。发掘者认为该墓地相当于苏贝希墓地的早期，即洋海墓地的第二期。发掘者采集了一个木棍样品，得到的碳－14年代为距今2715±120年（经树轮校正），可为佐证。同时，发掘者提出该墓地属于姑师王国[40]。该墓地不见铁器，也不见青铜器。

7. 英亚依拉克墓地

英亚依拉克墓地位于托克逊县托台区喀格恰克村同名居民点，坐落在山前戈壁的一个高岗上。这里大约有30座墓葬，1983年有人盗掘墓葬，将彩陶片、毛织品和皮制品碎块抛散遍地，吐鲁番地区文管所随即收集了墓葬周围的出土器物，加以编号。墓地地表有卵石封堆，直径约2、高0.2～0.4米。墓葬均为竖穴土坑墓，南北向，墓口也用木棍和苇席封闭，然后堆置卵石。墓地采集的陶器有彩陶单耳壶和素陶单耳罐，从器形和彩陶纹样来看，与洋海第二期接近。发掘者认为该墓地属于春秋—战国时期的姑师文化。他们采集了一个木棍样品，得到的碳－14年代为距今2000±95年（经树轮校正），稍微偏晚[41]。

8. 交河沟西墓地

交河沟西墓地位于交河故城西南，隔阿斯喀瓦孜河与之相望，西南以伊什果勒沟与盐山毗邻，东南为雅尔乃孜沟。台地本身为第四纪黄土，西北高而东南低，全长5300、宽1000米。这里已经发现了细石器、史前时期、车师王国时期和高昌王国与唐代西州时期的家族茔院。1902～1921年日本大谷光瑞调查团曾经来到交河故城及其附近，但是没有发表沟西台地的墓葬资料。1928年，黄文弼作为中瑞西北科学考察团成员在沟西台地做了发掘，但是他的工作集中在高昌至西州时期的家族茔院。1956年，新疆首届考古专业人员训练班在沟西台地实习，发掘了高昌王国和西州时期的家族茔院，但是也没有接触史前时期的墓葬[42]。

史前时期的墓葬位于沟西台地的东南端。1996 年，新疆文物考古研究所与早稻田大学合作在这里发掘了 23 座墓葬，有竖穴土坑和竖穴偏室两种，前者 15 座，后者 8 座。这批墓葬的上半部分早年被人取土挖去约 1 米厚的土层，原先是否存在封堆不得而知；残存的墓室较浅，大多深度不足 1 米。墓葬大多东西向。由于靠近水源，此墓地的有机质遗物都保存不好，仅部分墓葬保存有木床；值得注意的是，部分墓葬还有木棺和苇席。从 M7 出土的 6 根木棍来看，墓口原先封闭。竖穴偏室墓的墓室有用土坯封闭的。人骨保存不好，多单人葬，也有多人合葬，大多仰身直肢。部分墓葬随葬马头[43]。

部分墓葬空无一物，部分墓葬随葬陶器残破，看不出形态特征。但是其他墓葬，无论是竖穴土坑墓还是竖穴偏室墓，出土的陶器均为红陶或灰陶，器胎厚，而且没有彩陶。其中单耳罐和盆很常见，也很有特征。单耳罐侈口，球形腹，单耳位于腹部；盆圜底或近平底。此外还有陶单耳杯，平底直腹。与洋海墓地的第三期和苏贝希的晚期接近。M16 出土器物比较丰富，其中有装饰五星纹的单耳罐、三翼铁镞、牛头纹和马头纹金牌以及五铢钱，比较特殊。发掘者采集了 3 个木头样品，得到了 3 个碳 – 14 年代数据，其中 1 个明显偏晚，其他两个分别为公元前 237 ~ 前 82 年和公元前 241 ~ 前 85 年，因此他们认为这批墓葬的年代为两汉至魏晋时期[44]。这批墓葬出土的五铢钱和星云纹铜镜为西汉时期的遗物，墓葬的年代应为两汉时期。

9. 阿拉沟墓地

阿拉沟是天山山脉里的一条山沟，介于托克逊县、乌鲁木齐市与和静县之间，行政上属于乌鲁木齐市南山矿区。在南疆铁路阿拉沟工区的基建工程中，人们发现了大片古代墓葬。1976 ~ 1978 年，新疆自治区博物馆考古队在阿拉沟东口、鱼儿沟车站发掘了 85 座墓葬，其中竖穴石室墓 71 座，墓室用卵石砌成，墓口多数有盖木。其中有合葬，埋葬十几到二三十人不等，随葬彩陶和木器较多；也有木棺葬，随葬彩陶较少。竖穴木椁墓 7 座，规模比较大，有封堆，周围有石围，墓室埋葬一两人，仰身直肢[45]。发掘者发表了其中的 4 座竖穴木椁墓的资料，由于铁路施工，墓葬封土已经遭到

破坏。从残留痕迹来看，原来地表都有封堆。其中 M30 的封堆圆形直径
5.5、高 0.5 米，四周还有卵石砌成的矩形围墙，长 14.5、宽 11 米。墓室均
为长方形竖穴，基本为东西向，长 3.2、宽 1.6、深 6.1 米。墓室底部铺黄
土和薄木板，再用松木垒砌木椁四壁和顶部，上面再覆盖薄木板和草，然
后依次填塞巨石、卵石、细沙和黄土。死者仰身直肢，头骨和肋骨还涂抹
朱红色。这些墓葬出土了铜器、陶器、漆器、木盆和兽骨。其中陶杯敛口
折沿，腹部有单耳；盆敛口折沿，圜底；单耳杯带流，腹部有单耳；形态
与洋海墓地的第三期相似。发掘者曾采集两个木头样品，碳 - 14 年代为距
今 2345 ± 75 和 2040 ± 95 年，因此定为战国到西汉时期，并认为跟塞种有
关。不过这些墓葬规格高，随葬品丰富，包含狮纹、虎纹金牌、银器、漆
器和方座铜盘（图七），因此墓主应该是本地贵族[46]。

图七　阿拉沟 M30 出土的金器

　　1986 年，在阿拉沟河谷西岸进行建筑施工时，人们破坏了 3 座墓葬。
吐鲁番地区文管所做了清理，但是墓葬已经彻底遭到破坏，陶片和骨骼散
落遍地。这些墓葬与上述 4 座相似，均为竖穴土坑木椁墓，基本为东西向。

其中一座儿童墓，其他两座为成人墓，一座长3.4、宽1.4、深1.95米。墓室内用直径15～20厘米的圆木砌筑木椁，上面用大石头覆盖，但是其他情况就不清楚了。由于墓室已经被扰，出土器物无法按墓编号，金属器也非常稀少。出土的陶器有单耳壶、单耳罐、单耳钵，有平底者，也有圜底者；环耳位于单耳壶的腹部、单耳罐的口沿；有些彩陶绘三角纹和变体三角纹。发掘者认为这批墓葬的年代为战国—西汉时期，不过这些特征都与洋海墓地第三期接近，年代与之相差不大。这里出土的单耳尖底罐和单耳彩陶罐比较特别[47]。

阿拉沟墓地出土的58个头骨，49个属于欧洲人种，7个属于蒙古人种，2个属于混合人种[48]。其中M1出土的9个头骨中，欧洲人种6个（原始欧洲、中亚两河类型），蒙古人种2个，混合人种1个；M21出土的17个头骨中，欧洲人种15个（地中海、原始欧洲和中亚两河类型），蒙古人种2个；M3出土的8个头骨中，欧洲人种7个，蒙古人种1个。这些都说明阿拉沟的古代居民不仅混有不同人种，而且混有不同亚种[49]。

10. 交河沟北一号台地墓地

在交河故城的西北方和西南方有四个台地，现在编号为一号至四号，一号台地位于西北方，南北长350、东西宽35～370米，台地本身为第四纪黄土，表面有一层砂砾和细砂；东西两侧为河床和农田，北侧与天山山前辽阔的戈壁滩相连。1994年，在中国、日本和联合国教科文组织联合组织的保护维修交河故城工程中，新疆文物考古研究所发掘了一号台地，在此发现了史前时期和历史时期的墓葬。其中经过发掘的史前时期遗迹有55座墓葬以及73座殉马坑[50]。

一号台地的埋葬习俗与上述墓地有些不同。墓地中央为一座大型墓葬，地表有石块封堆，周围有大量的附葬墓和殉马坑。发掘者清理了两座封堆墓M1和M16，以及一座封堆周围的墓葬（图八）。M1的封堆为环形，直径15.2米；封堆下面有一个土坯围墙，直径10.3米，原始高度应该在1.6米左右。围墙内有一座偏室墓和一座殉马（驼）坑，围墙外有15座墓葬和23座殉马（驼）坑。M16的封堆也为环形，直径26米；封堆下面同样有土坯围墙，直径10.2～10.9、宽约0.26、最高0.8米。围

墙里面有两座墓葬，外面有 9 座墓葬和 25 座殉马（驼）坑。少数墓葬
（M16 的中心墓葬）的墓口周围也用土坯砌了围墙；墓室里面或附近往往
有一个殉马或殉驼坑，一个殉马坑埋葬 1 匹或 2 匹整马；M16 的围墙北侧
有 2 排 18 座这样的殉马或殉驼坑，应该是对应中心墓葬的。同时，M1 和
M16 的中心墓葬远远大于周围的墓葬，其周围又有土坯围墙，而且 M16
也是出土金属器最多的墓葬，因此它们的地位显然高于其他。在另外一座
封堆的周围清理了 28 座墓葬和 23 座殉马（驼）坑。与吐鲁番地区同时期
的其他墓地相比，交河沟北一号台地墓地的这些特征说明当时的社会已经
出现了明显的分化。

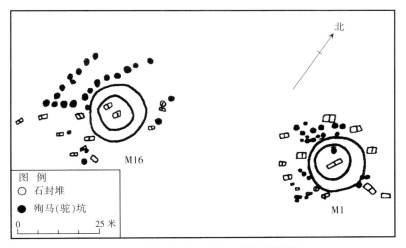

图八　交河沟北一号台地墓地平面图

　　不过交河沟北一号台地墓地在其他方面又与上述墓地相同。它们大多
东西向，大多为男女合葬或者成人加儿童合葬（可能为家庭合葬）。其中既
有竖穴土坑墓，又有竖穴偏室墓。有的墓葬口部用棚木覆盖；偏室墓的口
部也用了圆木封闭。墓室底部放置木床或者铺草垫或垫圆木。随葬陶器大
多为素面夹砂红陶，主流器类有单耳罐、盆、单耳钵、单耳杯，此外还有
双耳罐、单流罐和单耳壶等少数器类。少数陶器为彩陶，绘有三角纹和爪
纹。整体而言，这些器类与上述墓地所出的一致。

　　交河沟北一号台地墓地曾遭盗掘，随葬品遗失和破坏都很严重，但是

也保存了一些具有时代和文化特色的器物。除了下面将要提到的陶器和骨器，比较突出的有骨、铜、金、银等材质加工成的鹿、牛首、驼、对鸟和鹰等形象，波浪、角、花瓣、锥等形状以及串珠、管、泡、扣等装饰品。其中鹿首圆雕，细致地刻划出了鹿的鼻子、眼睛和双角。其他金属器不多，有两面铜镜和一枚五铢钱，以及鹤嘴斧、马衔、马镳等铁器。木器不少，包括游牧民族常用的箭、盘、弓箭袋、取火板和木盒。木俑为此墓地所独有，系用圆木雕刻出人的头部和五官，然后上敷白色颜料，画出双眼，嘴唇涂红，头顶抹黑色以象征头发。纺织品中除了毛织品，还有绢、罗和棉布。

交河沟北一号台地墓地出土了不少球形腹单耳罐，其单耳位于腹部。一件双耳罐的肩上出现了三圈凸弦纹和凸起的莲花纹。这些器物与交河沟西墓地的年代相近。上述的莲花纹见于伊沃加（Ivolga）城址出土的陶罐和铜镜，此外，这些墓葬还出土了各种桃形骨牌、长方形骨牌、角质弓弭，与杜雷斯推墓地（Durestuǐ）[51]、伊沃加城址[52]与伊沃加墓地[53]、奥拉特（Orlat）墓地[54]出土的同类器接近，而该墓地出土的鹰搏虎金牌与乌尔本（Urbiun）Ⅲ[55]出土的一件铜牌接近，后者都是匈奴时期的遗物。发掘者从 M01 和 M16 分别取了一个木炭样品，其中 M01 的样品年代偏晚，M16 的样品年代为距今 2154±52 年，树轮校正年代为公元前 178 ～公元 36 年，因此他们认为一号台地墓地的年代为西汉时期。这个推断似乎可以成立，M01 的一座附葬墓出土的一枚五铢钱为西汉初铸五铢时的产品，可为佐证。

根据上述的分析，我们可以将吐鲁番地区的墓地分为三期（表二），分别相当于焉不拉克、巴泽雷克和匈奴时期。其中洋海墓地历时三期，苏贝希跨越两期，其他都集中在第二期或第三期。需要指出的是，这三期的文化延续性很强，墓葬均为竖穴土坑和竖穴偏室墓，墓室口部用木棍和苇草覆盖，上面再堆石，有时还要砌石围。墓室东西向，里面放置木床。死者头戴发冠，耳垂耳环，身穿皮毛衣服，足套皮靴，使用取火板生火，弓箭狩猎作战，壶、罐、杯、盘等木器和陶器做饭盛饭。这些现象表明，几处墓地的墓主都是游牧民族。但是短剑、矛和战斧很少发现，与米努辛斯克盆地、图瓦和阿尔泰的同时期游牧民族的埋葬习俗有所不同，其原因可能在于本地缺乏获得金属原料的渠道。

　　三期墓葬的文化面貌发生了很大变化。一期有较多的铜扣、铜铃、铜斧和铜刀；到了第二期，金属器工具和武器减少，只有少量的铜扣、铜刀、马衔和马镳；到了第三期，铁器大量出现，用于制造马衔和刀等使用器物，而金银铜等材质则用来制作装饰品。第二期彩陶较多，到了第三期彩陶减少，只见于若干墓地，而素陶和木器增加，取代了陶器。与此同时，第一、二期盛行毛皮衣服；第三期开始出现棉、罗和绢布衣服，它们的出现体现了与中亚和中原的文化联系。

表二　吐鲁番地区早期铁器时代墓地分期

一期	二期	三期
洋海	洋海	洋海
	苏贝希	苏贝希
	三个桥	
	艾丁湖	
	喀格恰克	
	英亚依拉克	
		胜金店
		阿拉沟
		交河沟西
		交河沟北一号

三　文化联系

　　在吐鲁番盆地，早于洋海一期的青铜时代和新石器时代遗址还没有发现，因此洋海墓地的早期居民应该是外来的移民。可惜目前已经公布的洋海一期墓葬比较少，供比较研究的陶器没有发表，我们无从讨论。从出土的金属器来看，前面已经提到，这些墓葬与哈密地区的焉不拉克文化接近。本期墓葬 I M21 和 I M150 出土的皮靴和马辔头反映了游牧生活，它们不见于焉不拉克文化，也不见于米努辛斯克盆地，可能因为它们是有机物，在哈密地区和米努辛斯克盆地保存不下来。洋海墓地的居民究竟来自何处，目前还不清楚。

前面已经提到了洋海二期墓葬与欧亚大陆同时期文化的联系。在米努辛斯克盆地、图瓦和阿尔泰山区和东哈萨克斯坦，这个时期活跃着斯基泰时期的塔加尔、巴泽雷克、乌尤克文化。前面已经提到，吐鲁番地区的洋海二期墓葬与巴泽雷克文化关系较为密切。巴泽雷克文化分布于俄罗斯和哈萨克斯坦境内的阿尔泰山区，目前我们对于该文化的认识大部分来自于冢墓。最早的发掘可以追溯到 18 世纪的彼得大帝时代，1860 年以后科学的考古发掘大规模展开，其中人们熟悉的"国王/贵族"墓地有巴泽雷克（Pazyryk）、卡汤达（Katanda）、别列伊（Berel'）、希别（Shchibe）、图埃克塔（Tuèkta）、巴沙达尔（Bashadar）、阿卡拉哈（Ak-Alakha）和上卡尔金（Verkh-Kal'dzhin）– II；考古学家还发现了不少低等级墓地如卡因都（Kaïndu）、特克斯肯（Tytkesken'）– VI、上耶朗达（Verkh Elanda）– II、阔克—耶底干（Kok-Èdigan）、乌朗得克（Ulandryk）– I（见图一）。这样看来，其分布范围为俄罗斯和哈萨克斯坦境内的阿尔泰山区[56]。其年代范围原来推算为公元前 5 ～ 前 3 世纪[57]，后来从阿卡拉哈和上卡尔金大冢的 49 个原木系列年轮样品和 3 个马骨样品得到的树轮校正数据的年代范围为公元前 415 ～ 前 287 年[58]，支持了前面的推算结果。

前面在讨论各个墓地的年代时，我们引述了巴泽雷克文化的一些器物。为了讨论吐鲁番地区与上述文化之间的联系，下面再讨论几类有关的葬俗和遗物。

1. 葬俗

如上所述，吐鲁番地区洋海二期的史前墓葬普遍有石块或土石混合封堆，它与年代更早的哈密地区天山北路墓地的无封堆墓葬不同，而与阿尔泰山区和山前地带的切木尔切克和巴泽雷克文化的封堆墓接近。同时仰身直肢和头西脚东的葬俗也再现了巴泽雷克文化的传统。这些显然都是草原地区民族的文化传统，不过，吐鲁番地区的史前墓葬还有石围，与切木尔切克和巴泽雷克文化不同。吐鲁番地区的偏室墓、木床和原木覆盖物也不见于后者。巴泽雷克文化的墓葬一般随葬陶壶和羊骨，经常随葬铜质和骨

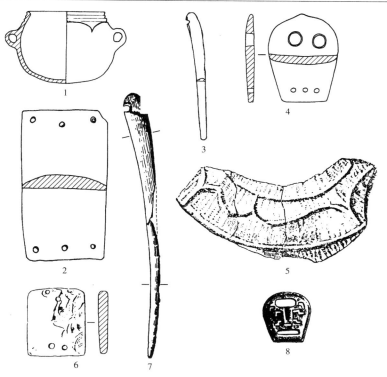

图九　交河沟北一号台地墓地和伊沃尔加城址出土的匈奴文化器物
1～4. 交河沟北一号台地墓地　5～8. 伊沃尔加城址

质服装装饰品；大型墓葬中随葬品更为丰富，还有金器和马匹。在吐鲁番地区，金器少见，马匹完全不见。巴泽雷克文化墓葬经常出现的鹿石不见于洋海二期的墓葬[59]。

2. 单耳壶

单耳壶是吐鲁番地区早期铁器时代墓地普遍出土的陶器。这种器物器形瘦长、长颈、微鼓腹，平底或者圜底（图一〇，1）。类似的器物大量发现于俄罗斯阿尔泰山区巴泽雷克文化的墓地，见于低等级墓地如卡因都、特克斯肯－Ⅵ（图一〇，2）、上耶朗达－Ⅱ、阔克－耶底干、乌朗得克－Ⅰ和高等级墓地如巴泽雷克和上卡尔金－Ⅱ[60]。这些器物有些绘了蝌蚪纹和蛇纹，有些有羊角錾和附加堆纹，有时还烧成黑陶。实际上它们模仿的是同时期的皮质壶和角质壶，后者见于巴泽雷克、阿卡拉哈－Ⅲ（图一〇，

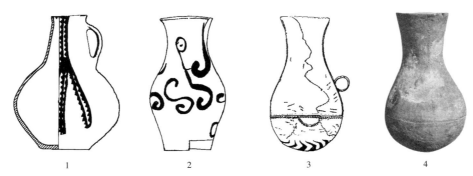

图一〇　洋海、特克斯肯 – Ⅵ、阿卡拉哈 – Ⅲ和拉孜敦 – Ⅵ出土器物比较
1. 洋海　2. 特克斯肯 – Ⅵ　3. 阿卡拉哈 – Ⅲ　4. 拉孜敦 – Ⅵ

3）和上卡尔金 – Ⅱ墓地[61]。模仿的比较逼真的陶器见于拉孜敦（Razdum'e） – Ⅵ号墓地（图一〇，4）[62]。

3. 皮枕和毡毯

苏贝希和三个桥墓地因为干燥，有机质遗物保存完好。不少死者头靠着皮枕，身下铺毡毯。皮枕用羊皮做成枕套，在里面塞碎皮条或干草，然后放在死者头下（图一一，1）。这种死者头下放枕头的做法不见于同时期的中原和甘青地区，而见于俄罗斯境内的阿尔泰山区。在巴泽雷克墓地的1～5号冢墓出土了木质枕头，呈花生状（图一一，2）[63]。在阿卡拉哈 – Ⅲ和巴泽雷克墓地，死者头下放了毡枕，里面塞了羊毛，身下也铺了毡毯（图一一，3）[64]。看来，阿尔泰山区和吐鲁番盆地的早期铁器时代的居民拥有一些共同的埋葬习俗。

4. 发饰

苏贝希墓地墓主的发饰保存完好。男性头戴盔形毡帽；女性梳双辫，盘绕在头上，外套黑色的发网，头上再戴圆锥形毡筒，外面同样套黑色的发网（图一二，2）[65]。这种女性的发辫外套发网和头顶尖筒形皮帽的做法也见于阿卡拉哈 – Ⅲ墓地1号冢的女性发饰上，只是后者的头发分两髻，但是同样把头发固定在一个圈形的毡托上，头上再竖立圆锥形毡筒（图一二，1）[66]。

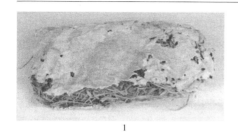

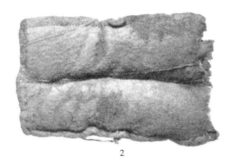

图一一　苏贝希、巴泽雷克和阿卡
拉哈－Ⅲ墓地出土的皮枕
1. 苏贝希墓地　2. 巴泽雷克墓地
3. 阿卡拉哈－Ⅲ墓地

5. 服装

洋海和苏贝希墓地都出土有毛质和皮质服装。其中苏贝希墓地出土的一件比较完整，黄色、圆领、对开襟、筒形袖，袖很宽很长，下摆外张（图一三，1）。同类的上衣发现于俄罗斯阿尔泰山区的阿卡拉哈－Ⅲ墓地1号冢（女性）（图一三，2）和巴泽雷克墓地2号冢（男性），袖长及手指，只是后者为棉布制成，领口为圆领，下摆大开（图一三，3）[67]。这种上衣是古代和中世纪的许多民族都流行的款式。在阿尔泰山区的巴泽雷克文化墓葬中，毛织品虽然不如丝织品珍稀，但也是昂贵的材料[68]。

6. 毡靴

洋海和苏贝希墓地还出土了各种低勒和高勒靴。在洋海，两者都是用牛皮做底和帮，用羊皮做帮[69]。在苏贝希，低勒靴发现于女性死者的右脚；高勒靴发现于男性死者左脚上，靴帮高至腿根，用皮绳系在腰带上，以防止靴帮滑落。两者都是外面包皮，底部和腰部衬毡（图一四，1）[70]。这种高勒靴也发现于阿卡拉哈－Ⅲ墓地1号冢（图一四，2）和巴泽雷克墓地2号冢，不过后者帮口贴了红色毡片云纹，靴底和靴帮也贴了红色毡片。而这种高勒靴常见于巴泽雷克文化的男女墓葬中，在男性死者身上，高勒靴套在裤子外面；在女性死者身上，高勒靴穿在裙子下面，也都用皮绳拴系在腰带上（图一四，3）[71]。

图一二　苏贝希和巴泽雷克墓地出土的发饰
1. 巴泽雷克墓地　2. 苏贝希墓地

　　诚然，洋海二期遗存与巴泽雷克文化的共同特征远不止于此。类似的还有弓箭、马辔、马嚼和马镳。这些器物涵盖了饮食器皿、服装和兵器，充分说明本地的居民过着游牧生活。至于这些居民是否来自巴泽雷克和匈奴文化地区，它们还不足以说明问题。吐鲁番地区与巴泽雷克的陶器群不同，彩陶图案也迥然相异。但是因为游牧民族善于吸收其他文化，这并不能排除吐鲁番地区的古代居民来自阿尔泰山区、蒙古和外贝加尔的可能性。从洋海、苏贝希和阿拉沟的人骨材料来看，吐鲁番地区的古代居民由欧洲人种、蒙古人种和两者的混血人种构成，以欧洲人种为主流；而阿尔泰山区的巴泽雷克文化的居民同样包括欧罗巴人种和欧罗巴－蒙古人种的混血。两者的人种构成颇为接近[72]，说明洋海二期的居民，或者部分居民，可能是从阿尔泰山区迁徙而来的。

　　前面提到了吐鲁番地区的洋海三期墓葬出土的匈奴文化器物，如洋海墓地出土的长方形牌、交河沟北一号墓地出土的莲花纹陶罐、桃形骨牌和角质弓弭。有关匈奴的考古工作开始于 19 世纪，20 世纪以后俄罗斯、蒙

图一三　苏贝希、阿卡拉哈－Ⅲ和巴泽雷克墓地出土的服装
1. 苏贝希墓地　2. 阿卡拉哈－Ⅲ墓地　3. 巴泽雷克墓地

古和其他国家的考古学家在蒙古北部和外贝加尔先后发掘了外贝加尔的诺
因乌拉（Noyon－Uul）墓地、杜雷尼（Dureny）墓地、伊沃加城址和墓

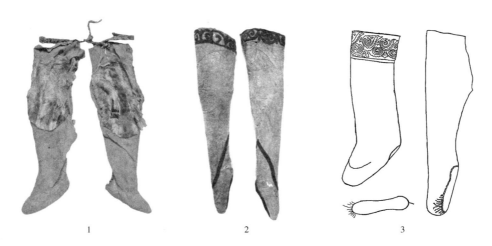

图一四　苏贝希、阿卡拉哈 – Ⅲ、巴泽雷克墓地出土的毡靴
1. 苏贝希墓地　2. 阿卡拉哈 – Ⅲ墓地　3. 巴泽雷克墓地

地、杜雷斯推（Durestuǐ）墓地、查拉姆（Tsaraam）墓地、图瓦的奥沟屯（Orgoiton）、蒙古境内的布尔罕 – 托尔沟（Burkhan Tolgoi）、戈尔莫德（Gol – Mod）、塔希汀 – 霍特沟（Takhiltyn Khotgor）、杜里 – 那斯（Duulig Nars）和宁夏的倒墩子墓地。迄今为止，匈奴文化的遗址已经发现于外贝加尔和蒙古全境[73]。据不完全统计，目前已经发现了70多处墓地，4000多座墓葬[74]。现已发现的墓葬大体可以分为大型墓和中小型墓，大型墓规模大，地表有长方形封堆，地下有墓道和方斗形墓室，墓室内有二椁一棺或一椁一棺；其周围有许多陪葬的中小型墓葬和殉牲。中小型墓的地表有方形或圆形封堆，地下有竖穴土坑，内有木棺；墓主仰身直肢，大多头北脚南，少数头东脚西。随葬品除了武器和工具、身体 – 服装 – 腰带装饰品和马具，还有灰陶高领罐、灰陶侈口罐和灰陶盆以及木质和漆木容器[75]。匈奴墓葬大体可以分为两期，绝对年代大约为公元前3世纪～公元2世纪[76]。

　　根据我国的文献记载，匈奴曾经数次控制新疆的部分区域。公元前177～前161年间，匈奴两次大败月氏，占据了大月氏人的故地。有人认为此故地就是现在的东天山，也就是巴里坤平原，而且认为巴里坤平原就是匈奴右方王的王庭。最近十年来考古学家在巴里坤平原的天山北麓发掘了岳公台－西黑沟和红山口－东黑沟两个遗址群，他们推测前者为大月氏的遗存，而以东黑沟遗址和黑沟梁墓地为匈奴的遗存[77]。公元前 120 年以后，汉王朝势力进入新疆，与匈奴反复争夺对新疆的控制权。不过吐鲁番地区的姑师以及后续的车师作为独立政权保留下来，或者依附于匈奴，或者依附于汉王朝的西域都护府[78]。从考古学材料来看，吐鲁番地区洋海三期的墓葬延续了二期的许多特征，如上面描述的"墓葬均为竖穴土坑和竖穴偏室墓，墓室口部用木棍和苇草覆盖，上面再堆石，有时还要砌石围。墓室东西向"，而与匈奴墓葬的葬俗迥然不同。而这些葬俗体现的是人们的精神世界，不容易改变。前面提到的匈奴类型的器物则反映了本地文化与匈奴文化交流的结果[79]；由于它们大多属于奢侈品，可能反映了本地上层与匈奴帝国上层之间的礼物往来。

最后，还有几件残铜镜值得一提。胜金店墓地的 M13 和 M29 出土了两块铜镜残片，一块形状不规则，一块三角形（图一五，1），都镶嵌在带柄木框上。木框由原木削成，圆盘形，带圆柱形手柄。这种铜镜残片镶在木框上的做法，也见于阿卡拉哈－Ⅲ墓地的 1 号冢。后者的铜镜残片大体正方形，镶嵌在圆盘上，带有长方形手柄（图一五，2）[80]。有意思的是，交河沟北一号台地墓地的 M1 的一座附葬墓出土了同样的木托铜镜，木盘呈圆形，一侧有长方形柄，正面镶了一块半圆形铜镜[81]。M16 的一座附葬墓 M16me 出土了 1 件这样的木托，平面为椭圆形，一端有柄，正面刻出"蘑菇形"凹槽（图一五，4）[82]。另一件木托呈扇形，一端也有柄，正面挖出扇形凹槽。两者可能就是铜镜残片的木托，凹槽就是原先安放残片的地方，可惜铜镜已经遗失。类似的木托还见于苏贝希墓地（M15：2）[83]和特克斯肯—Ⅵ14 号冢（图一五，3）[84]。需要说明的是，胜金店、苏贝希和交河沟北出土的木托或木托铜镜都属于洋海三期，也就是两汉/匈奴时期，而可资对比的阿尔泰山区的同类器物均属于巴泽雷克文化。外贝加尔和蒙古北部的匈奴时期墓葬也出土了残铜镜，如额吉河（Ėgiïn gol）、伊里莫瓦（Il'movaia）和切列姆霍夫（Cheremuovaia）墓地，但是没有出土木托[85]。不过从吐鲁番地区和阿尔泰山区的材料来看，它们原先可能有木托，用于日常生活。

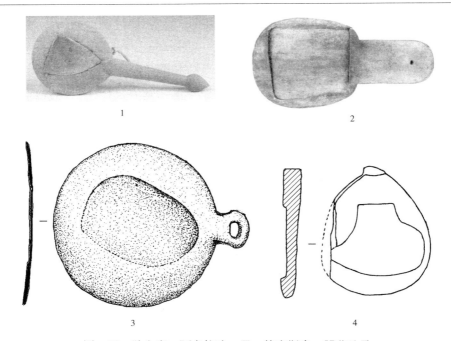

1　　　　　　　　　　　　　　　　2

3　　　　　　　　　　　　　　　　4

图一五　胜金店、阿卡拉哈－Ⅲ、特克斯肯－Ⅵ墓地及
交河沟北一号台地墓地出土的残铜镜比较
1. 胜金店墓地　2. 阿卡拉哈－Ⅲ墓地　3. 特克斯肯－Ⅵ墓地　4. 交河沟北一号台地墓地

四　结语

　　根据洋海墓地的分期，本文将吐鲁番地区已经发表的 11 处墓地分为三期。第一期相当于哈密地区的焉不拉克期，第二期相当于阿尔泰地区的巴泽雷克期，第三期相当于匈奴时期。这三期的文化内涵有延续性，从弓箭、服装和马具来看，三期的居民均为游牧民。与此同时，文化内涵也有显著的变化。其中第一期具有较多的铜扣、铜铃、铜斧和铜刀。第二期金属工具和武器减少，但是出现了仿皮质壶和角质壶的陶单耳罐和陶单耳壶。到了第三期，彩陶减少，而铁器大量出现；同时棉、罗和绢布衣服出现。

　　吐鲁番地区早期铁器时代文化来自何处？目前还缺乏清楚的证据予以说明。从上述的铜器、单耳壶、残铜镜、皮枕和毡毯、发饰、服装和毡靴来看，吐鲁番地区先后受到了哈密地区的焉不拉克文化、阿尔泰山区的巴泽雷克文化与外贝加尔和蒙古的匈奴文化的影响。而在洋海、苏贝希和阿拉沟墓地的人骨材料中，欧罗巴人种占主流，也有部分蒙古人种，而且还有混合人种。在欧罗巴人种中，有地中海、原始欧罗巴和中亚亚种，说明吐鲁番地区的人种构成非常复杂，其中可能有来自阿尔泰山区、蒙古和外贝加尔的游牧民。而洋海三期的遗存则是洋海二期的自然延续，不过出现了一些匈奴类型的器物，而且是奢侈品。学术界推测洋海二期和洋海三期遗存可能属于汉文文献里的姑师和车师，如是，这些奢侈品可能反映了本地上层与匈奴上层之间的礼物交换。

注　释

［1］新疆维吾尔自治区文物局编：《概述》，《新疆维吾尔自治区第三次全国文物普查成果集成——吐鲁番地区卷》，科学出版社，2011 年。

［2］承蒙吕恩国见告，此墓地发掘于 2013 年，简报即将发表。

［3］陈戈：《新疆史前时期又一种考古学文化——苏贝希文化试析》，《苏秉琦与当代中国考古学》，科学出版社，2001 年。

［4］韩建业：《新疆的青铜时代和早期铁器时代文化》，文物出版社，2007 年；郭物：《新疆史前晚期社会的考古学研究》，上海古籍出版社，2012 年。

［5］新疆维吾尔自治区文物普查办公室、吐鲁番地区文物普查队：《吐鲁番地区文物普查资料》，《新疆文物》1988 年第 3 期；新疆文物考古研究所：《"鄯善古墓被盗案"中部分文物之介绍》，《新疆文物》1989 年第 4 期；吐鲁番地区文物局：《鄯善洋海墓地出土文物》，《新疆文物》1998 年第 3 期。

［6］邢开鼎：《鄯善县洋海古墓葬》，《中国考古学年鉴·1989》，文物出版社，1990 年。

［7］一说 209 座。见新疆文物考古研究所、吐鲁番地区文物局：《鄯善县洋海一号墓地发掘简报》，《新疆文物》2004 年第 1 期第 3 页。

［8］一说 213 座。见新疆文物考古研究所、吐鲁番地区文物局：《鄯善县洋海二号墓地发掘简报》，《新疆文物》2004 年第 1 期第 29 页。

［9］新疆吐鲁番学研究院、新疆文物考古研究所：《新疆鄯善洋海墓地发掘报告》，《考古学报》2011 年第 1 期；新疆文物考古研究所、吐鲁番地区文物局：《鄯善县洋海一号墓地发掘简报》、《鄯善县洋海二号墓地发掘简报》、《鄯善县洋海三号墓地发掘简报》，《新疆文物》2004 年第 1 期；新疆文物考古研究所、吐鲁番地区文物局：《新疆鄯善县洋海墓地的考古新收获》，《考古》2004 年第 5 期。

［10］承蒙该墓地发掘工作的主持人吕恩国见告。

［11］关于洋海墓地的分类，发掘者的认识有个演化过程。他们曾经将墓葬分为7
类（编号A～F），见新疆文物考古研究所、吐鲁番地区文物局：《鄯善县洋海
一号墓地发掘简报》，《新疆文物》2004年第1期第48页。后来合并为4类
（编号A～D），见新疆吐鲁番学研究院、新疆文物考古研究所：《新疆鄯善洋
海墓地发掘报告》，《考古学报》2011年第1期第100页。

［12］新疆文物考古研究所、吐鲁番地区文物局：《鄯善县洋海二号墓地发掘简报》，
《新疆文物》2004年第1期第35页。

［13］Ulrike Beck, Mayke Wagner, Xiao Li, Desmond Durkin-Meisterernst, Pavel E. Tarasov,
The Invention of Trousers and its Likely Affiliation with Horseback Riding and Mobili-
ty: A Case Study of Late 2nd Millennium BC Finds from Turfan in Eastern Central Asia,
Quaternary International, 2014, 30.

［14］新疆文物考古研究所、新疆大学历史系文博干部专修班：《新疆哈密焉不拉克
墓地》图二三：2、5，《考古学报》1989年第3期。

［15］新疆文物考古研究所、吐鲁番地区文物局：《鄯善县洋海一号墓地发掘简报》，
《新疆文物》2004年第1期第2页。

［16］Karen S. Rubinson, Burial Practices and Social Roles of Iron Age Mobile Pastoralists,
In Soren Stark and Karen S. Rubinson with Zainolla S. Samashev and Jennifer Y. Chi
eds, *Nomads and Networks: The Ancient Art and Culture of Kazakhstan*, 2012, pp. 77-
90, fig. 5-8, Institute for the Study of Ancient World at New York University, Prince-
ton University Press.

［17］Pan Ling, Summary of Xiongnu Sites in Northern China, In Ursula Brossseder and
Bryan K. Miller eds, *Xiongnu Archaeology: Multidisciplinary Perspectives of the First
Steppe Empire in Inner Asia*, p. 465, Fig. 2: 11, 12, 2011. 分别为石质和骨质. Vor-
und Frühgeschichtliche Archäologie Rheinische Friedrich-Wilhelms-Uiversität Bonn.

［18］A. V. Davydova, *Ivolginskiǐ arkheologicheskiǐ kompleks*, Tom 1: Ivolginskoe gorod-
ishche, Sankt-Peterburg, 1995, Tablitsa 16: 1、2; 53: 7; 69: 25; 71: 5; 96: 16; 107: 5-7;
157: 1、15; 167: 9、16. 大多为泥质，也有石质和铁质的。

［19］A. V. Davydova, *Ivolginskiǐ arkheologicheskiǐ kompleks*, Tom 2: Ivolginskiǐ mogil'
nik. Sankt-Peterburg, 1996, Tablitsa 31: 26; 43: 5-7; 45: 1-3; 73: 69、74. 均为泥质。

［20］S. S. Miniaev, *Dyrestuǐskiǐ mogil'nik*, 1998, Tablitsa 36: 1、2; 88: 3、4; 98: 2-8; 104:
15. 部分为木质，部分为泥质. Sankt-Peterburg: Evropeiskiǐ dom.

［21］新疆维吾尔自治区文化厅文物处等：《新疆哈密焉布拉克古墓地》图二一，

《考古学报》1989 年第 3 期。

[22] Sergei I. Rudenko, *Frozen Tombs of Siberia: The Pazyryk Burials of Iron-Age Horsemen*, Trans. by M. W. Tompson, fig. 146. Berkeley and Los Angeles: University of California Press, 1970.

[23] 王博:《吐鲁番盆地青铜时代居民种族人类学研究》,《交河故城保护与研究》第 392 页, 新疆人民出版社, 1999 年。

[24] 吕恩国:《苏贝希发掘的主要收获》,《交河故城保护与研究》第 373 页, 新疆人民出版社, 1999 年。

[25] 新疆文物考古研究所、吐鲁番地区博物馆:《新疆鄯善县苏贝希遗址及墓地》,《考古》2002 年第 6 期。

[26] 吕恩国:《苏贝希发掘的主要收获》,《交河故城保护与研究》, 新疆人民出版社, 1999 年。

[27] 吐鲁番地区文管所:《新疆鄯善县苏巴什古墓群的新发现》,《考古》1988 年第 6 期。

[28] 吐鲁番地区文管所:《新疆鄯善苏巴什古墓葬》,《考古》1984 年第 1 期; 新疆文物考古研究所:《鄯善苏贝希墓群一号墓地发掘简报》,《新疆文物》1993 年第 4 期。I 号墓地的部分发掘资料再次发表, 见新疆文物考古研究所、吐鲁番地区博物馆:《新疆鄯善县苏贝希遗址及墓地》,《考古》2002 年第 6 期。

[29] 新疆文物考古研究所、吐鲁番地区博物馆:《鄯善县苏贝希墓群三号墓地》,《新疆文物》1994 年第 2 期。

[30] 新疆文物考古研究所、吐鲁番地区博物馆:《新疆鄯善县苏贝希遗址及墓地》,《考古》2002 年第 6 期; 新疆文物考古研究所、吐鲁番地区博物馆:《鄯善县苏贝希墓群三号墓地》,《新疆文物》1994 年第 2 期第 2、7、9 页。

[31] Iu. F. Kiriiushin, N. F. Stepanova, and A. A. Tishkin, *Skifskaia èpokha gornogo Altaia*. Chast' II, Pogrebal'no-pominal'nye kompleksy pazyrykskoĭ kul'tury, 2003, ris. 26: 12; ris. 196: 1; ris. 51: 4. Barnual: Isdatel'stvo Altaĭskogo universiteta.

[32] 吐鲁番地区文管所:《新疆鄯善苏巴什古墓葬》图四,《考古》1984 年第 1 期; 新疆文物考古研究所、吐鲁番地区博物馆:《鄯善县苏贝希墓群三号墓地》,《新疆文物》1994 年第 2 期。Ⅲ 号墓地的部分资料再次发表, 见新疆文物考古研究所、吐鲁番地区博物馆:《新疆鄯善县苏贝希遗址及墓地》图一八,《考古》2002 年第 6 期第 54 页。

[33] 吐鲁番地区文管所:《新疆鄯善苏巴什古墓葬》,《考古》1984 年第 1 期; 新疆文物考古研究所:《鄯善苏贝希墓群一号墓地发掘简报》,《新疆文物》

1993 年第 4 期第 12 页；新疆文物考古研究所、吐鲁番地区博物馆：《鄯善县苏贝希墓群三号墓地》，《新疆文物》1994 年第 2 期第 20 页；新疆文物考古研究所、吐鲁番地区博物馆：《新疆鄯善县苏贝希遗址及墓地》，《考古》2002 年第 6 期第 57 页；吕恩国：《苏贝希发掘的主要收获》，《交河故城保护与研究》第 384 页，新疆人民出版社，1999 年。

［34］陈靓：《苏贝希出土人骨的人种学考察及相关问题》，《交河故城保护与研究》第 397～399、402～403 页，新疆人民出版社，1999 年。

［35］吐鲁番学研究院：《新疆吐鲁番市胜金店墓地发掘简报》，《考古》2013 年第 2 期第 29～31 页。

［36］吐鲁番学研究院：《新疆吐鲁番市胜金店墓地发掘简报》，《考古》2013 年第 2 期；吐鲁番学研究院：《新疆吐鲁番胜金店 2 号墓发掘简报》，《文物》2013 年第 3 期。

［37］吐鲁番学研究院：《新疆吐鲁番市胜金店墓地发掘简报》，《考古》2013 年第 2 期第 52 页。

［38］最早的简报说 33 座，但是其中含 6 座殉马坑。见新疆文物考古研究所、新疆大学历史系 88 级考古专业、吐鲁番地区博物馆、鄯善县文化局：《新疆鄯善县三个桥古墓葬的抢救清理发掘》，《新疆文物》1997 年第 2 期。部分发掘资料再次发表，见新疆文物考古研究所、新疆大学历史系、吐鲁番地区博物馆、鄯善县文化局：《新疆鄯善三个桥墓葬发掘简报》，《文物》2002 年第 6 期。

［39］新疆维吾尔自治区博物馆、吐鲁番地区文管所：《新疆吐鲁番艾丁湖古墓葬》，《考古》1982 年第 4 期。

［40］吐鲁番地区文管所：《新疆托克逊县喀格恰克古墓群》，《考古》1987 年第 7 期。

［41］吐鲁番地区文管所：《新疆托克逊县英亚依拉克古墓群调查》，《考古》1985 年第 5 期。

［42］新疆文物考古研究所：《交河沟西：1994～1996 年度考古发掘报告》第 2～3 页，新疆人民出版社，2001 年。

［43］新疆文物考古研究所：《交河沟西：1994～1996 年度考古发掘报告》第 1～41 页，新疆人民出版社，2001 年。

［44］新疆文物考古研究所：《交河沟西：1994～1996 年度考古发掘报告》第 43 页，新疆人民出版社，2001 年。

［45］王博：《吐鲁番盆地青铜时代居民种族人类学研究》，《交河故城保护与研究》第 388 页，新疆人民出版社，1999 年。

［46］新疆社会科学院考古研究所：《新疆阿拉沟竖穴木椁墓发掘简报》，《文物》

1981 年第 1 期。

［47］吐鲁番地区文管所：《阿拉沟竖穴木棺墓清理简报》，《新疆文物》1991 年第 2 期。

［48］王博：《吐鲁番盆地青铜时代居民种族人类学研究》，《交河故城保护与研究》 第 388 ~ 390 页，新疆人民出版社，1999 年。

［49］王博：《吐鲁番盆地青铜时代居民种族人类学研究》，《交河故城保护与研究》 第 394 ~ 395 页，新疆人民出版社，1999 年。

［50］联合国教科文组织驻中国代表处、新疆文物事业管理局、新疆文物考古研究 所：《交河故城——1993、1994 年度考古发掘报告》第 15 ~ 74 页，东方出版 社，1998 年。

［51］S. S. Miniaev, *Dyrestuĭskiĭ mogil'nik*, Tablitsa 5: 6, Tablitsa 29: 11, Tablitsa 98: 2-9, Tablitsa 103: 1-2, Tablitsa 112: 1-4. Sankt-Peterburg, 1998.

［52］A. Davydova, *The Ivolga archaeology complex*, *Volume I*, *The Ivolga forgress*, Tablitsa 16: 1-2, Tablitsa 125: 13. St. Petersburg, 1995.

［53］A. Davydova, *The Ivolga archaeology complex*, *Volume II*, *The Ivolga cemetery*, Tablitsa 15: 9-11, Tablitsa 31: 26, 27, Tablitsa 72: 24-25. St. Petersburg, 1996.

［54］J. Y. Ilyasov, D. V. Rusanov, A study on the bone plates from Orlat, *Silk Road Art and Archaeology* 1997/1998（5）: 107-159, pl. 4-5. 转引自 Ursula Brosseder. Belt Plaques as an Indicator of East-West Relations, In Brosseder and Bryan K. Miller eds, *Xiongnu Archaeology*: *Multidisciplinary Perspectives of the First Steppe Empire in Inner A- sia*, 397, Fig. 46: 35-39, Vor-und Frühgeschichtliche Archäologie Rheinische Friedrich-Wilhelms-Universität Bonn, 2011.

［55］M. A. Devlet, *Sibirskie poiasnye azhurnye plastiny II v. do n. e. -I v. n. e.* Arkheologiia SSSR, Svod arkheologicheskikh istochnikov D4-7, Pl. 29, 117. Moskva, 1980. 转引自 Ursula Brosseder, Belt Plaques as an Indicator of East-West Relations, In Ursula Brosseder and Bryan K. Miller eds, *Xiongnu Archaeology*: *Multidisciplinary Perspectives of the First Steppe Empire in Inner Asia*, 380, Fig. 29: 2. Vor-und Frühgeschichtliche Archäologie Rheinische Friedrich-Wilhelms-Universität Bonn, 2011.

［56］Iu. F. Kiriiushin, N. F. Stepanova, and A. A. Tishkin, *Skifskaia èpokha gornogo Alkaia Chast' II*, Pogrebal'no-pominal'nye kompleksy pazyrykskoĭ kul'tury, Barnaul: Isdatel'stvo Altaĭskogo universiteta, 2003: 8-37.

［57］M. P. Griaznov, Altaĭ i Prialtaĭskaia step', in B. A. Rybakov ed. *Stepnaia polosa*: *Aziatskoĭ chasti SSSR v skifo-sarmatskoe vremia*, Moscow: Izdatel'stvo Nauka, 1992:

166-169.

[58] M. Zaifert and I. Iu. Sliusarenko, Dendrokhronologicheskii analiz pazyryskikh pamiat-nikov, in A. P. Derevianko and V. I. Molodin eds, *Fenomen Altaĭskikh mumiĭ*, 2000, p. 263. Novosibirsk: Izdatel'stvo Instituta arkheologii i ètnografii SO RAN. Ë. von Görsdorf and G. Parzinger, Radiouglerodnoe datirovanie loshchadinykh losteĭ, in A. P. Derevianko, V. I. Molodin eds. *Fenomen Altaĭskikh Mumiĭ*, p. 265. Novosibirsk: Izdatel'stvo Instituta arkheologii i ètnografii SO RAN, 2000.

[59] M. P. Griaznov, Altaĭ i prialtaĭskaia step', in B. A. Rybakov ed, *Stepnaia polosa: Aziatskoĭ chasti SSSR v skifo-sarmatskoe vremia*, Moscow: Izdatel' stvo Nauka, 1992: 164-165.

[60] Iu. F. Kiriiushin, N. F. Stepanova, and A. A. Tishkin, *Skifskaia èpokha gornogo Altaia*, Chast' II, Pogrebal' no-pominal' nye kompleksy pazyrykskoĭ kul'tury, Tablitsa 8: 1-6; Tablitsa 9: 2, 3, 6-8; Tablitsa 10: 1-8. Barnaul: Isdatel'stvo Altaĭskogo universiteta, 2003.

Iu. F. Kiriiushin and N. F. Stepanova, *Skifskaia èpokha gornogo Altaia*, Chast' III, Pogrebal'nye kompleksy skifskogo vremeni sredneĭ Katuni, ris. 6: 1-3, 6-8; ris. 12: 5-7, 8-10. Barnaul: Isdatel'stvo Altaĭskogo universiteta, 2004.

A. P. Derevianko, V. I. Molodin eds, *Fenomen Altaĭskikh mumiĭ*, ris. 141; ris. 167; ris. 169, Novosibirsk: Izdatel'stvo Instituta arkheologii i ètnografii SO RAN, 2000.

Sergei I. Rudenko. *Frozen tombs of Siberia*: The Pazryryk Burials of Iron-Age Horsemen, Plate 55: A, B, C. Berkeley and Los Angeles: University of California Press, 1970.

[61] A. P. Derevianko, V. I. Molodin eds, *Fenomen Altaĭskikh mumiĭ*, ris. 171, ris. 172, ris. 173, ris. 174; ris. 175; ris. 185: 1-3. Novosibirsk: Izdatel'stvo Instituta arkheologii i ètnografii SO RAN, 2000.

Sergei I. Rudenko, *Frozen tombs of Siberia: The Pazryryk Burials of Iron-Age Horsemen*, Plate 152: B; Plate 59: A, B. Berkeley and Los Angeles: University of California Press, 1970.

[62] A. P. Derevianko, V. I. Molodin eds, *Fenomen Altaĭskikh mumiĭ*, ris. 187. Novosibirsk: Izdatel'stvo Instituta arkheologii i ètnografii SO RAN, 2000.

[63] Sergei I. Rudenko, *Frozen tombs of Siberia: The Pazryryk Burials of Iron-Age Horsemen*, Plate 53: A, B, C. Berkeley and Los Angeles: University of California Press, 1970.

[64] A. P. Derevianko, V. I. Molodin eds, *Fenomen Altaĭskikh mumiĭ*, p. 72. Novosibirsk: Izdatel'stvo Instituta arkheologii i ètnografii SO RAN, 2000.

Sergei I. Rudenko, *Frozen tombs of Siberia: The Pazryryk Burials of Iron-Age Horsemen*,

Plate 56. Berkeley and Los Angeles: University of California Press, 1970.

［65］ 新疆文物考古研究所、吐鲁番地区博物馆：《新疆鄯善县苏贝希遗址及墓地》，《考古》2002 年第 6 期第 53 ~ 54 页；新疆文物考古研究所、吐鲁番地区博物馆：《鄯善县苏贝希墓群三号墓地》，《新疆文物》1994 年第 2 期第 2、7、9 页。

［66］ A. P. Derevianko, V. I. Molodin eds, *Fenomen Altaĭskikh mumiĭ*, ris. 77, ris. 80. Novosibirsk: Izdatel'stvo Instituta Arkheologii i ètnografii SO RAN, 2000.

［67］ A. P. Derevianko, V. I. Molodin eds, *Fenomen Altaĭskikh mumiĭ*, ris. 67-68. Novosibirsk: Izdatel'stvo Instituta arkheologii i ètnografii SO RAN, 2000.

Sergei I. Rudenko, *Frozen tombs of Siberia*: *The Pazryryk Burials of Iron-Age Horsemen*, Plate 63. Berkeley and Los Angeles: University of California Press, 1970.

［68］ A. P. Derevianko, V. I. Molodin eds, *Fenomen Altaĭskikh mumiĭ*, P. 74. Novosibirsk: Izdatel'stvo Instituta arkheologii i ètnografii SO RAN, 2000.

［69］ 新疆吐鲁番学研究院、新疆文物考古研究所：《新疆鄯善洋海墓地发掘报告》图八，3、4；图一〇，9、10；图二〇，12、13；图四四，6，《考古学报》2011 年第 1 期。

［70］ 新疆文物考古研究所：《鄯善苏贝希墓群一号墓地发掘简报》图四，1、3，《新疆文物》1993 年第 4 期第 7 ~ 8 页。

［71］ A. P. Derevianko, V. I. Molodin eds, *Fenomen Altaĭskikh mumiĭ*, ris. 74. Novosibirsk: Izdatel'stvo Instituta Arkheologii i ètnografii SO RAN, 2000.

［72］ Sergei I. Rudenko, *Frozen tombs of Siberia*: *The Pazryryk Burials of Iron-Age Horsemen*. p. 52. Berkeley and Los Angeles: University of California Press, 1970.

T. A. Chikisheva. Antropologicheskaia Kharakteristika Mumii, in A. P. Derevianko, V. I. Molodin eds. , *Fenomen Altaĭskikh mumiĭ*, p. 188. Novosibirsk: Izdatel'stvo Instituta arkheologii i ètnografii SO RAN, 2000.

［73］ Ursula Brosseder and Bryan K. Miller, State of Research and Future Directions of Xiongnu Studies, in Ursula Brossseder and Bryan K. Miller eds. *Xiongnu Archaeology*: *Multidisciplinary Perspectives of the First Steppe Empire in Inner Asia*, fig. 1. Vor-und Frühgeschichtliche Archäologie Rheinische Friedrich-Wilhelms-Uiversitnat Bonn, 2011.

［74］ 马健：《匈奴葬仪的考古学探索》第 15 页，兰州大学出版社，2011 年。

［75］ V. A. Mogil'nikov, Khunnu Zabaikal'ia. In M. G. Moshkova ed. *Stepnaia polosa Aziatskoi chasti SSSR v skifo-sarmatskoe vremia*, pp. 259-266. Moscow: Izdatel'sto Nauka, 1992. 马健：《匈奴葬仪的考古学探索》第 166 ~ 168 页，兰州大学出版社，2011 年。

［76］ V. A. Mogil'nikov, Khunnu Zabaikal'ia, in M. G. Moshkova ed. *Stepnaia polosa Aziats-*

koi chasti SSSR v skifo-sarmatskoe vremia, Moscow: Izdatel'stvo Nauka, 1992: 257.

［77］王建新、席琳：《东天山地区早期游牧文化聚落考古研究》，《考古》2009 年第 1 期；马健：《匈奴葬仪的考古学探索》第 206～209 页，兰州大学出版社，2011 年。

［78］余太山主编：《西域通史》第 49、52、56～57、63、68 页，中州古籍出版社，2003 年。

［79］王炳华：《交河沟西考古收获》，《西域考古历史论集》第 605～606 页，中国人民大学出版社，2008 年。

［80］A. P. Derevianko, V. I. Molodin eds, *Fenomen Altaĭskikh mumiĭ*, ris. 81, 82, 83. Novosibirsk: Izdatel'stvo Instituta arkheologii i ètnografii SO RAN, 2000.

［81］联合国教科文组织驻中国代表处、新疆文物事业管理局、新疆文物考古研究所：《交河故城——1993、1994 年度考古发掘报告》第 60 页，图四五，1，东方出版社，1998 年。

［82］联合国教科文组织驻中国代表处、新疆文物事业管理局、新疆文物考古研究所：《交河故城——1993、1994 年度考古发掘报告》第 60 页，图四五，2，东方出版社，1998 年。

［83］新疆文物考古研究所、吐鲁番地区博物馆：《新疆鄯善县苏贝希遗址及墓地》图一二，12，《考古》2002 年第 6 期。此器发掘者原称为木勺，但是挖槽浅而且平，应为木托。

［84］Iu. F. Kiriiushin, N. F. Stepanova, and A. A. Tishkin, *Skifskaia èpokha gornogo Altaia*, Chast' II, Pogrebal'no-pominal'nye kompleksy pazyrykskoĭ kul'tury, ris. 15: 1. Barnaul: Izdatel'stvo Altaĭskogo universiteta, 2003.

［85］马健：《匈奴葬仪的考古学探索》图 3－17，图 3－56，兰州大学出版社，2011 年。

Study on Early Iron Age Archaeology of Turpan Area

Zhang Liangren　Lü Enguo　Zhang Yong

This paper starts out with a systematic analysis of the structural and artifactual features of the Yanghai cemetery, thereby establishing a chronology for the cemetery. By comparative study, it further evaluates the chronological positions of the other cemeteries against Yanghai. Overall, the prehistoric cemeteries of the Turfan Basin fall into three periods: Period I tombs are found only at Yanghai, while those of the other cemeteries are of Period Ⅱ and Period Ⅲ. It has been suggested that Period Ⅰ materials show link with the Yanbulak culture in the Hami Region, but because excavation materials from Yanghai have not been fully published, this connection has yet to be studied; the ceramics, garment style, hairdo style, and broken mirrors find analogies among the Parzyryk culture in the Altai Mountains, the Xiongnu culture in northern Mongolia and Trans-Baikal. Plus the bow arrow set and other accompanying goods, these categories of artifacts, which represent a broad range of the lifestyle of the population, ascertain that the populations of Period Ⅱ and Period Ⅲ are nomads. Studies of human skeletons indicate that the populations of Period Ⅱ come from the Altai Mountains; the populations of Period Ⅲ, culturally inheriting from Period Ⅱ, might have been the founders of the Gushi/Jushi polities known in historical texts of China, although in the meantime they incorporated a number of Xiongnu-style artifacts.

乌兹别克斯坦发现的铜鍑

郭　物

（中国社会科学院考古研究所）

2011 年 5 月 20 日、2014 年 10 月 17 日，在乌兹别克斯坦国家博物馆和乌兹别克斯坦科学院考古研究所陈列室中，我曾两次近距离观察了乌兹别克斯坦发现的青铜鍑，其中以费尔干纳盆地出土的铜鍑最有特点，这些铜鍑和新疆以及哈萨克斯坦等地的铜鍑关系密切。乌兹别克斯坦在古代是绿洲农耕社会和草原游牧社会胶结共存的地区，其境内既有草原的景观，也有肥沃的绿洲，还有大片的沙漠以及西天山余脉，锡尔河、阿姆河均或多或少流经该国，这种复杂生态环境中出土的铜鍑应当有着比较复杂的历史背景。本文将介绍这些铜鍑，并讨论其相关的学术问题。

一　乌兹别克斯坦发现的三类铜鍑

乌兹别克斯坦博物馆中陈列的铜鍑，根据铜鍑耳部的特点，主要有三类：

第一类为环状直立环耳，以费尔干纳盆地发现的一件为代表（图一）。

第二类为斜肩耳铜鍑。这类铜鍑发现最多，其中有些区别，可以进一步分为以下几种。

第一种是斜肩耳为扁片状，外面有凹槽纹。除此之外，有一件还有一对竖向的小环纽，另外，肩腹部有三圈绳索纹（图二）。

图一　第一类铜镀（乌兹别克斯坦费尔干纳出土）

1

2

图二　第二类第一种铜镀

别克斯坦国家博物馆　2. 藏于乌兹别克斯坦考古所陈列室

　　第二种是圆棍状斜肩耳铜镀，有的腹体上部装饰大的波曲纹，大部分的铜镀基本没有装饰（图三）。

　　第三类铜镀较为特殊，耳为竹节状，并且竖向立于铜镀肩部（图四）。

图三　第二类第二种铜镀（藏于乌兹别克斯坦国家博物馆）

1　　　　　　　　　　　　　　　　　　2

图四　第三类铜镂

1. 藏于乌兹别克斯坦国家博物馆　2. 藏于乌兹别克斯坦布哈拉市阿尔卡禁城城堡博物馆

　　乌兹别克斯坦发现的铜镂，从器形的特点看，除了第三类比较独特外，前两类基本和中亚其他地区发现的铜镂相似。第三类铜镂主要发现于布哈拉与咸海之间的地区，这些地区在秦汉时期，应当是康居控制的区域，因此，这类铜镂可能为康居或者是其周围的游牧部族所使用。从耳部特征看，这类铜镂的器耳和其西北方相邻的萨尔马泰人有的铜镂相似，可能受到萨尔马泰人的影响。

　　从自然环境的角度看，乌兹别克斯坦在中亚国家中较为特殊，全境地势东高西低。平原低地占全部面积的80%，大部分位于西北部的克孜勒库姆沙漠。东部和南部属天山山系和吉萨尔－阿赖山系的西缘，内有著名的费尔干纳盆地和泽拉夫尚盆地。境内有自然资源极其丰富的肥沃谷地。主要河流有阿姆河、锡尔河和阿姆河的支流泽拉夫尚河。沙漠、大小河谷、高山、盆地、绿洲皆有，包括中亚地区的所有地形和生态环境，作为农牧社会分界线的锡尔河正好有一部分穿过乌兹别克斯坦。总的说，乌兹别克斯坦和东北部的哈萨克斯坦不同，绿洲所占的比重较大，也就是说，在古代以农耕经济为基础的绿洲城市在这个国家占有重要的份额，同时在面积不大的草原或山地草原地区，游牧业较为兴盛。这和山地较多的吉尔吉斯斯坦与塔吉克斯坦也不同。西部的土库曼斯坦的人群主要居住在绿洲。从相关的历史记载看，锡尔河是农牧经济区的分界线，锡尔河以北主要为游牧人所控制，不同的游牧部落可能使用不同形制的铜镂。乌兹别克斯坦发现的大部分铜镂应当都是这些游牧人群使用的大型青铜器。

二　费尔干纳盆地发现的直立环耳铜镂

乌兹别克斯坦博物馆陈列的铜镂，大部分是征集的，因此，出土地点和出土地点的原始环境已经不可考，这也导致很难判断其年代。其中有两件出土地点较为清楚，而且有一件是从墓葬中发掘出来，共存物和相关信息都较为完整，让我们可以深入地讨论相关问题。

首先要讨论的是前面介绍的、费尔干纳盆地发现的铜镂，这件铜镂口径 64、高 55 厘米，是 1939 年修建费尔干纳灌溉大渠时在安集延的 Tyuyachi 村西北 2 千米处发现的（见图一）。这件铜镂较为特殊，为直壁盆形腹体，没有常见的圈足，而是三足，其中一足已经损毁。值得注意的是，在腹体的上半部有一圈铸范线。铜镂在中国北方一出现就有这样的特点，是铸范留下的痕迹，说明在铸造方法上，这里仍然保持着原来的传统。另外，这件铜镂是直立环耳，耳呈环状贴附于镂口外壁之上。这种风格的铜镂耳在新疆出现，并且成为新疆铜镂的一个显著特点。这件铜镂直立环耳的特点和新疆的完全相似，说明它们有非常密切的关系。口沿上呈顺时针排列的山羊形立像则是延续斯基泰铜镂的传统，不过动物的形象更接近萨尔玛泰人的铜镂。较为特殊的是，铜镂有四个直立环耳，仔细观察，可以发现，有一对环耳的顶端各有一个突起，虽然不明显，但和另外一对相互垂直的、无突起的环耳相比较，突起是存在的。铜镂直立环耳顶部装饰突起是有比较悠久历史的，从迄今知道的线索看，最早的铜镂直立环耳顶端就有一个突起装饰[1]。这种突起的装饰可能是对牡鹿或羊等大型食草动物角上突起的模仿，反映了草原民族对这些动物的崇拜[2]。比较欧亚草原发现的铜镂，这件铜镂无论是体量，还是耳的数量，以及筒形的腹体，都是比较少见和突出的，应当说是迄今所知唯一的一件。由于体量较大，铸造、使用这个铜镂的人群应当较为强盛。这件铜镂的年代被定为公元前 6 ~ 前 4 世纪，这个时期，费尔干纳分布着埃拉坦文化。天山南麓的焉耆盆地至阿克苏地区这一时期盛行一种以带流陶器为主要特征的考古学文化，有学者称之为群巴克文化。根据大量的考古工作，在此文化中虽然发现极少数类似铜镂的陶器，但尚未发现铜镂这样的大型铜容器[3]。新疆拜城县多岗墓地、克孜尔墓地遗址属于群巴克文化，出土的陶器和埃拉坦文化非常接近，特别是都装饰连续三角

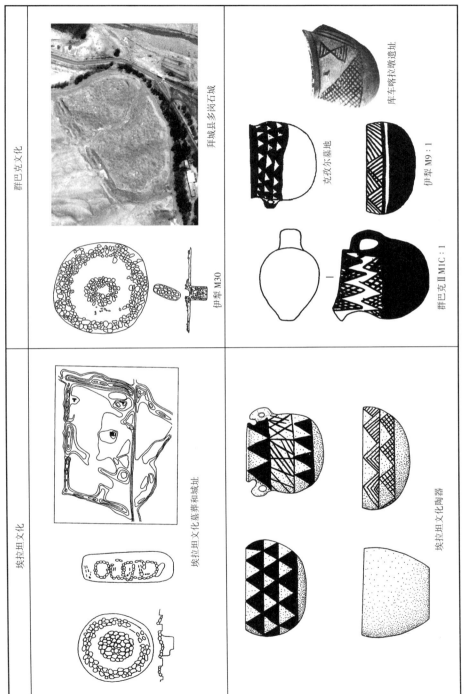

图五　埃拉坦文化与新疆的关系

纹（图五）。埃拉坦文化时代和群巴克文化晚期重合，两者之间陶器的相似可能存在一定关系。这个时期，新疆正好流行直立环耳铜镬，有带突起的和不带突起的。因此，这个时期新疆的铜镬传入费尔干纳盆地是有可能的[4]。在新疆阿克苏地区温宿县曾征集到一件单突直立环耳铜镬，圈足细高，年代可能为春秋晚期。同样形制的一件铜镬收藏于喀什地区博物馆，只是耳上没有突起。温宿和喀什这两件铜镬应当是从新疆北疆通过天山中的道路传入的[5]。这样看，早期铜镬的样式可能沿天山传入费尔干纳盆地。

不过，笔者怀疑，这件铜镬时代可能较晚，可能和西迁的大月氏有关系。

有人推测新疆发现的耳部有单乳突的铜镬属于月氏文化[6]。据王国维考证，月氏很可能是《逸周书·王会解》中的"禺氏"，《穆天子传》中的"禺知"或"禺氏"，也有"牛氏"的称呼等。据研究，月氏人的原始游牧地位于天山东段以北、博格达山以北至巴里坤一带，阿勒泰地区为月氏人的夏季牧场[7]。单乳突直立环耳铜镬主要分布于包括伊犁河上游地区的环准噶尔盆地地区，主要是东天山北麓和阿勒泰地区。与单乳突铜镬同在一个分布区的还有数量稍少的直立环耳铜镬和斜肩耳圈足铜镬，斜肩耳圈足铜镬主要集中分布在伊犁河流域。因此，这种环耳上饰单乳突的铜镬和直立环耳铜镬很有可能为当时活跃于北方草原的早期禺知人所使用。哈密和阿勒泰地区发现的两件早期的斜肩耳圈足铜镬可能也是大月氏使用的铜镬。

秦及汉初，月氏强盛，与蒙古高原东部的东胡同时从两方面胁迫游牧于蒙古高原中部的匈奴，匈奴曾送质子于月氏。秦末，匈奴质子自月氏逃回，杀父自立为冒顿单于，约在公元前 205～前 202 年间举兵攻月氏，月氏败。可能从这时起，月氏便开始向西退缩。公元前 177 或前 176 年，冒顿单于再次击败月氏。据冒顿单于公元前 174 年致汉文帝刘恒书中说："故罚右贤王，使至西方求月氏击之。以天之福，吏卒良，马力强，以夷灭月氏，尽斩杀降下定之。楼兰、乌孙、呼揭及其旁二十六国皆已为匈奴，诸引弓之民并为一家，北州以定。"楼兰和乌孙的分布范围大致清楚，《中国历史地图集》第二册定呼揭的位置于今新疆的阿尔泰地区和哈萨克的东哈萨克斯坦州南部。据考证，呼揭王居地在乌孙之北，在塔城地区及今哈萨克斯坦五河流域一带[8]。楼兰、乌孙、呼揭三族控制的区域代表的是塔里木盆地东部、准噶尔盆地和阿尔泰地区。这些地区被新崛起的匈奴兼并，说明这些地区原为月氏所控制。月氏最初的核心分布区域应当是这三个地区的东部，具体而言就是阿尔泰山东南支脉、东天山至蒙古高原中西部地区。

　　月氏这次败后，向西迁至准噶尔盆地西部。至老上单于时（公元前174～前160年），匈奴又破月氏，月氏被迫向西迁移到伊犁河流域。当月氏西迁时，有一小部分"保南山羌，号小月氏"。《汉书·张骞传》："月氏已为匈奴所破，西击塞王。塞王南走远徙，月氏居其地。"塞族即阿契美尼德王朝古伊朗碑铭所说的 Sakā，与希腊和印度古文献中所载 Sacae（Sakas），汉文史料中的"塞种"一致。月氏既击走塞族，塞族便向西南迁徙，跨过锡尔河，到达河中地区的索格底亚那（Sogdiana）。之后原已移住在天山北麓并服属匈奴的乌孙，在其王昆莫的统领下，"西攻破大月氏"，迫使大月氏和塞族一样离弃伊犁地区向西南迁徙，而乌孙便从此占领了他们的地方。月氏人可能是越过伊犁河谷而下，沿着伊塞克湖南岸向西进发。在伊塞克湖地区，月氏击败了一支塞种部落，并将后者赶到了西南方。《汉书》将这支塞种称为"塞王"[9]。这次迁徙的年代约在公元前139～前129年间。有一部分未能西徙的，便和少数塞人一样，仍留住原地，服属于乌孙，所以《汉书》说乌孙国内"有塞种、大月氏种云"。

　　关于大月氏各次迁徙的时间有不同的说法，比如有学者论证了另外一种可能是大月氏西迁大夏的年代，时间要早一些，认为月氏被迫离开伊犁应当在老上单于在位期间（公元前174～前160年），乌孙在伊犁建国即在公元前158年前后[10]。

　　如果我们承认新疆单乳突直立环耳铜镜为月氏使用的话，这种铜镜的发现地点在一定程度上反映了月氏人活动的范围和轨迹，由此可以看出月氏人活动的范围是相当大的，几乎整个北疆都有月氏人的踪迹。如果我们对新疆发现铜镜时代的认识没有大的误差，从铜镜的分布看，伊犁发现的早期铜镜似乎说明在公元前176年以前月氏人早就与这一地区有联系，这暗示我们，月氏势力很早就到达过伊犁河谷，或者说这个地区同时居住着塞人和大月氏人[11]。这是可以理解的，不同游牧民族之间在生活地域上，往往相邻相依，特别在彼此势力范围的边缘地区。另外，统治、联盟和联姻等关系也会导致不同游牧民族之间的关系复杂化。因此，作为西域一支强盛的游牧势力，大月氏或统治、或与伊犁河流域的塞人结盟、或联姻、或直接生活于伊犁地区，都可能使大月氏的势力及文化在西迁前在伊犁留下痕迹，铜鍑可能就是其一。这样的背景其实为大月氏西迁伊犁打下了基础，大月氏西迁伊犁只不过是其退到控制区域的西部边缘地区，并不只是公元前 176 年为匈奴击败后才西迁至伊犁河谷的。至于环耳无突的铜鍑可能也是属于月氏文化，实际上，有突起和无突起的铜鍑可能同时被使用，对游牧民族来说，它们可能具有不同的含义。乌兹别克斯坦费尔干纳盆地发现的这件铜鍑一对立耳有突起，而相对的另外一对则没有，这说明有突起和无突起可能都有特别的含义，我们认为可能反映了对雄、雌两性食草动物的崇拜[12]。

大月氏在伊犁河流域停留的时间很短，总共约 46 年。公元前 176 年以前，匈奴袭破月氏，大月氏西迁伊犁河。公元前 130 年左右，大月氏为乌孙所迫而南迁。这对于一个民族而言，活动的时间不长，差不多就是一代人。应当说，这一代人基本还保持着上一代人的文化传统，可能还没有创造出富有特点的新文化。

有学者指出，从河西走廊的姑臧，经新疆吐鲁番的古名"姑师"、"车师"的地区，到"龟兹"、"库车"、"曲先"，再到中亚费尔干纳盆地的古都贵山城，一直到大月氏人于中亚、印度一带所建立的贵霜帝国，地名、国名、族名的发音非常近似。这种情况的出现当非偶然现象，应与这一区域大月氏人的活动存在着不可分割的关系[13]。河西走廊可能是受大月氏控制的区域，但并不是大月氏本族驻牧的区域。从现在的考古发现看，除了河西走廊没有发现大量的铜鍑外，沿着天山北麓及山谷地带都发现单乳突直立环耳和直立环耳圈足铜鍑，天山以南的吐鲁番、龟兹地区、喀什等地都发现此类铜鍑，特别是在这些地区的北部阿勒泰等地发现不少的同类铜鍑，加上费尔干纳盆地发现的铜鍑，因此，单乳突直立环耳铜鍑可能和大月氏有关系。大月氏西迁中亚早期的落脚点苏尔汗流域迄今还没有发现铜鍑，说明大月氏离开大宛所在的费尔干纳盆地以后，可能就不再使用铜鍑了，暗示其思想观念和生活方式的急剧改变，因此，我们难于从苏尔汗流域发现的早期大月氏的物质文化追溯其生活于新疆时期的文化面貌。这样看来，费尔干纳盆地的考古发现对于研究大月氏的西迁是具有重要意义的，因为这个时期，他们可能还保持着原来的文化传统，有利于研究大月氏在西迁过程中文化的变迁和精神世界的转变。

值得说明的是，新疆出现铜鍑的时间可以早到公元前 8 ～ 前 7 世纪。在这个时代，无论是禺知，还是大月氏都可能还没有形成。这个时期控制新疆北疆的很可能是所谓的独目人，因此，新疆发现的早期铜镀可能为独目人所使用[14]。独目人和大月氏什么关系，现在还不清楚，不过，大月氏很有可能继续使用早期流传下来的铜镀样式。这样看，费尔干纳盆地发现的这件铜镀如果时代能早到公元前6世纪，那么也可能是因为受独目人的影响而出现的；如果时代晚一些，则是大月氏影响的结果；如果其时代在公元前2～前1世纪，那么这件铜镀应当是西迁大月氏路过大宛时期遗留下来的。由于这件铜镀口沿装饰了立雕山羊形象，这和公元前2～前1世纪萨尔玛泰人的铜镀近似，说明这件铜镀年代可能与此接近[15]。另外其环耳外侧的凹槽较多，属于晚期铜镀的特征，所以本文倾向认为这件铜镀可能是大月氏西迁过大宛的证据。新疆只见一件类似做法的铜镀，发现于新疆新源县肖尔布拉克，铜镀耳部也装饰兽形立雕像。

三　乌兹别克斯坦发现的斜肩耳铜镀

乌兹别克斯坦发现的铜镀主要是斜肩耳铜镀，但大部分为征集，形制相似的铜镀有很多。比如本文介绍的第二类第一种铜镀（见图二），可以找到与之相似的器物。在吉尔吉斯斯坦费尔干纳盆地（Osh）奥什州 Kara Kulzha 地区 Kara Kulzha 河右岸，1953年夏农耕时发现一件铜镀，同出的还有青铜镜、有铤三角镞和青铜环等。这件铜镀口径32、高27厘米（图六，1）[16]。

新疆有不少相似的发现，比如新疆博尔塔拉州精河县芒丁乡发现的铜镀（图六，2）。这件铜镀的耳柄为圆棍状，器身没有弦纹。哈萨克斯坦阿拉木图市内土坑中发现一件，发现时周围有散乱的陶片和骨片。此件铜镀较大，口径71、高51厘米，容量138升，重82.5千克（图六，3）[17]。这件铜镀和本文介绍的第二件非常相似（见图二，1）。

有意思的是，比较明确为塞人使用的斜肩耳三足铜镀的器耳与腹体和上述斜肩耳圈足铜镀非常一致，1983年建设作业时比如新疆新源县71团一连渔塘中发现的一件。斜肩耳，耳沿外有凹槽纹，另外还有一对小竖环耳；小折沿，球形腹，口内敛，圜底。斜肩耳下面有三圈平行的凸弦纹（图六，4）[18]。这也从侧面说明，无论是斜肩耳圈足铜镀，还是斜肩耳三足铜镀，都极有可能是塞人使用的。

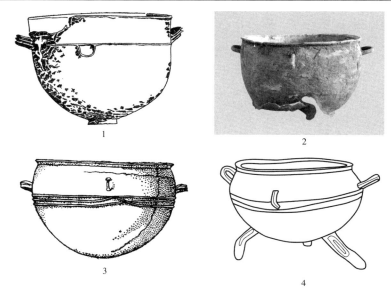

图六　其他地区发现的斜肩耳铜鍑
1. 吉尔吉斯斯坦奥什州　2. 新疆精河芒丁乡
3. 哈萨克斯坦阿拉木图市　4. 新疆新源县 71 团一连渔塘

　　本文介绍的第二类第二种肩部装饰大波曲纹的铜鍑在别的地区也有发现。哈萨克斯坦阿拉木图州是一个集中分布的地区，ェシク（艾喜库）市道路建设时发现窖藏中有一件。棒状斜肩耳，球形腹，口内敛，圜底，圈足适中。口沿下有一圈"U"形纹饰，可见的一面有两个（图七，1）[19]。

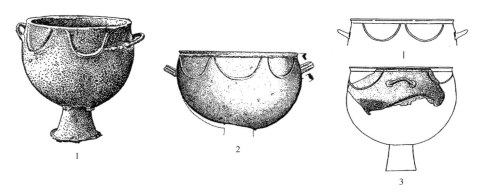

图七　其他地区发现的斜肩耳铜鍑（哈萨克斯坦阿拉木图州）

1988 年 1 月 4 日，人们在哈萨克斯坦阿拉木图州パンフィロフ村东南 2 千米耕作时发现两件，其中一件较大。斜肩耳，耳外沿有凹槽纹；球形腹，口内敛，圜底；圈足残失；口沿下有一圈"U"形纹饰，可见的一面有三个。口径 59、腹径 63、高 39 厘米（图七，2）[20]。哈萨克斯坦阿拉木图州タルガル市东 7 千米 Besagash 河左岸发现铜镜残片（图七，3）。棒状斜肩耳，球形腹，口内敛，口沿下有一圈"U"形纹饰，可见的一面有两个[21]。

其余素面的斜肩耳铜镜在欧亚草原发现很多，此不赘述。

斜肩耳铜镜最初可能起源于新疆北疆东部，稍后主要在西天山地区流行，包括博尔塔拉蒙古自治州、伊犁地区和中国之外的西天山的北麓及山前平原，从中国新疆的石河子市开始，一直到乌兹别克斯坦撒马尔罕。乌兹别克斯坦的西天山支脉地区就是集中发现铜镜的区域，此外阿尔泰山地区也有部分发现，比如青河县发现一件。从迄今的发现看，伊犁河和楚河中上游地区是斜肩耳圈足铜镜一个集中分布的区域，主要包括中国伊犁哈萨克自治州和哈萨克斯坦共和国阿拉木图州。

乌兹别克斯坦发现的斜肩耳圈足铜镜中有一件非常重要、发现于墓葬中，可以作为这类铜镜的代表。这件铜镜发现于泽拉夫尚河流域撒马尔罕州撒马尔罕市北部 30 千米科克捷别遗址（Koktepe），在这个时代较早的遗址上有约公元前 1 世纪后半建造的一个洞室墓，墓葬打破古代的遗址。洞室位于墓坑北侧，主洞室两侧还有耳室，墓主为 25～35 岁女性，仰身直肢葬。随葬西汉后期的云气禽兽纹铜镜。铜镜出于南侧直径 1.5 米的耳室中[22]。棒状斜肩耳，直沿微外侈，球形腹，圜底圈足。

这个墓葬的年代比较清楚，但是其中的随葬品却反映着不同的文化背景。首先是背景和来源比较清楚，比如当地生产的陶器和来自中国汉代的铜镜。其次是相对清楚的，比如墓葬出土的双马形象的骨梳，与阿富汗席巴尔干黄金冢出土的黄金器上的双马形象近似（图八）。有学者认为双马神是吐火罗人崇拜的主神之一，大月氏人可能是吐火罗人重要的一支，因此，发现双马神形象的文物一般和大月氏有关系。最后是比较模糊的，比如斜肩耳铜镜。

有一类斜肩耳铜镜为塞人一部所使用是较为明确的，就是七河流域塞人的铜镜，特征比较明显，一般是斜肩耳三足，有的三足为动物的形象（见

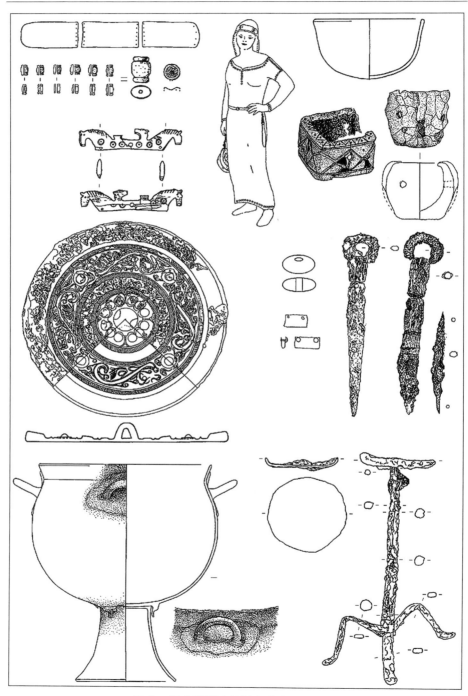

图八　科克捷别遗址洞室墓发现的器物

图六，4）。斜肩耳圈足铜鍑和斜肩耳三足铜鍑有共同的分布区，比如伊犁河流域，但是斜肩耳圈足铜鍑的出现时间和分布地域都要更早和更广大。这种铜鍑分布于整个新疆北疆，新疆之外的西天山地区。如果包括萨尔玛泰人使用的斜肩耳圈足铜鍑，则分布地域更是扩大到哈萨克斯坦北部地区。另外，蒙古也有这类铜鍑的发现。因此，这类铜鍑到底是哪些人所使用，迄今还是一个比较复杂的问题。

锡尔河以北至七河流域等广大的草原地带应当是各支塞人控制的区域，大月氏被匈奴击败，西迁至伊犁河、楚河流域时，将该处的塞种逐走。于是一部分塞种南下帕米尔，另一部分则退缩至塞地和索格底亚纳之间的地区。有学者认为大夏国和大宛国可能为南下的塞人所建立。据斯特拉波《地理志》（xi.8.2）记载："从希腊人手中夺取了巴克特利亚的"是来自锡尔河彼岸的游牧的塞种（Sacae）诸部"Asii、Gasiani、Tochari、Sacarauli"（XI，8）。灭亡希腊巴克特利亚王国的四部塞种可能就是来自"塞地"和索格底亚纳之间的地区。公元前140年左右，这些塞种人南渡锡尔河，经索格底亚纳，侵入希腊人统治下的巴克特利亚，占领了主要位于阿姆河南岸的、后来被称为吐火罗斯坦的地区，《史记·大宛列传》所见大夏国于是成立。大宛国可能是另一支侵入费尔干纳以 Tochari 为主的塞种人建立的[23]。总之，乌兹别克斯坦境内的天山余脉北麓地区生活的人群主要是塞人，大月氏西迁时，主要是经过费尔干纳，穿越突厥斯坦山和吉萨尔山进入苏尔汉流域，主要为西天山余脉南麓地区，因此，乌兹别克斯坦发现的这些斜肩耳圈足铜鍑和塞人可能更有关系。

从这个背景看，科克捷别遗址上发现斜肩耳铜鍑的墓葬主人可能为塞人，考虑到墓主是年轻女性，墓中出土了汉代铜镜以及双马神主题的饰件，因此也可能是嫁到塞人部落的大月氏人。

斜肩耳圈足铜鍑如果也是大月氏使用的器物，其文化归属有两种可能，其一是大月氏中一部所用，其二是替代原来的直立环耳铜鍑，成为和单乳突直立环耳铜鍑配合使用的大型铜容器。这样凭借铜鍑可以大致恢复大月氏在新疆发展兴盛、同中原关系、西迁、希腊—伊朗—印度化的过程。巴泽雷克墓地发现过斜肩耳的铜鍑，有学者认为巴泽雷克墓葬的墓主是吐火罗—月氏人[24]。我们认为巴泽雷克文化应当不是大月氏留下的遗存，因为这个文化主要分布在南西伯利亚的阿尔泰山地区，阿勒泰地区的哈巴河等地有其文化的分布，天山北麓地区也有分布。大月氏统治的核心区域并不是巴泽雷克文化的分布区。因此可能如很多学者所建议的，巴泽雷克文化是属于格里芬人的遗存。不过，大月氏强盛的时代，恰好也是巴泽雷克文化繁盛时期，因此，它们之间应当有非常密切的联系，到公元前 3 世纪时，格里芬人很可能与大月氏人在一定程度上合二为一，被中原王朝认为是大月氏人了。除了一般意义的物质和文化交流外，联姻可能是比较重要的关系，这样也可以解释巴泽雷克二号墓有较多大月氏文化因素。

比较奇怪的是，属于游牧社会的乌孙墓中尚未发现铜镦[25]。在伊犁河流域建国的乌孙最初应当生活在天山北麓，有学者认为乌孙早期可能是被独目人驱逐的伊赛顿人。笔者认为，巴里坤、阿勒泰地区发现的早期斜肩耳铜镦可能和伊赛顿人有关系。汉代乌孙是否使用铜镦尚不得而知，如果不使用，原因是什么，这些问题现在还没有答案，有待今后发现新的材料来解决。

四　结语

乌兹别克斯坦是丝绸之路上最重要的中亚国家，在地理上，乌兹别克斯坦是连接北方欧亚草原、中亚戈壁沙漠和南部绿洲，东部新疆与西部伊朗高原的关键地区，特别是其处于欧亚草原游牧区过渡到绿洲城市农耕区的特点比较突出，而且沿西天山余脉和山谷盆地存在着民族迁徙的走廊，因此，相对而言，在这里发现的游牧文化遗存，比单纯草原地区发现的游牧文化的历史价值更重要。本文讨论的铜镦就是这样的珍贵资料，这些铜镦反映了游牧民族渗透到绿洲边缘地区的生存状态，有的铜镦则可能反映了游牧民族迁徙的历程，是游牧民族从游牧转入绿洲城市定居生活前最后一段生活的写照。我们对铜镦所属人群进行了推测，这些推论还需要更为确凿的材料加以证明。可以肯定的是，费尔干纳盆地发现的大型铜镦至少说明这个地区牧业社会的强盛，以及以铜镦为中心的宗教活动在其社会中占有的重要地位。科克捷别遗址洞室墓的发现应当反映了游牧人一度侵入绿洲的历史，从这位女性墓主荟萃东西的随葬品，可以发现在丝绸之路尚未开辟的时期，游牧人沟通东西，承担着东西方文化交流的重要作用，草原丝绸之路因为这些在欧亚草原地区自由来往的牧人而得以出现和发展。

注　释

［1］ 郭物：《论青铜镀的起源》，《21 世纪中国考古学与世界考古学》，中国社会科
　　　学出版社，2002 年。

［2］ 郭物：《试析铜镀器耳突起装饰的象征意义》，《考古与文物》2010 年第 2 期。

［3］ 吕恩国：《察吾呼文化研究》，《新疆文物》1999 年第 3、4 合期。

［4］ 郭物：《新疆史前社会的考古学研究》，上海古籍出版社，2012 年。

［5］ 张玉忠：《新疆早期青铜器》，《中国新疆文物古迹大观》第 396～397 页，新
　　　疆美术摄影出版社，1999 年。

［6］ 王博、祁小山：　《丝绸之路草原石人研究》第 294 页，新疆人民出版社，
　　　1996 年。

［7］ 林梅村：《吐火罗人与龙部落》，《西域研究》1997 年第 1 期。

［8］ 陈可畏：《古代呼揭国及其民族试探》，《中国边疆史地研究导报》1989 年第
　　　6 期。

［9］ 加文·汉布里主编，吴玉贵译：《中亚史纲要》第 54 页，商务印书馆，1994 年。

［10］ 白鸟库吉：《乌孙考》，《史学杂志》第 2 编第 8 卷。学者们关于年代的不同
　　　　观点，参见李芳：《建国以来月氏、乌孙研究综述》，《西域研究》2010 年第
　　　　3 期。

［11］ 郭物：《青铜镀在欧亚大陆的初传》，《欧亚学刊》（第一辑），中华书局，
　　　　1999 年；郭物：《论青铜镀的起源》，《21 世纪中国考古学与世界考古学》，
　　　　中国社会科学出版社，2002 年。

［12］ 郭物：《试析铜镀器耳突起装饰的象征意义》，《考古与文物》2010 年第 2 期。

［13］ 耿世民：《吐火罗人及其语言》，《民族语文》2004 年第 6 期。

［14］ 郭物：《欧亚草原东部的考古发现与斯基泰的早期历史文化》，《考古》2012
　　　　年第 4 期。

［15］ 草原考古研究会：《镀の研究－ユーラシア草原の祭器・什器》第 242 頁，雄
　　　　山閣，2011 年。

［16］ Zadneprovskii, Yu, A., Drevnezmledel' cheskaya kul'tura Fergany Materialy i issledo-
　　　　vaniya po arkheologii SSSR 118, Moskva/Leningrad, 1962: 163；草原考古研究会：
　　　　《镀の研究－ユーラシア草原の祭器・什器》第 203、204 頁，Ca 015，雄山
　　　　閣，2011 年。

［17］ Spasskaya, E. Yu., Mednye kotly rannikh kochevnikov Kazakhstana i Kirgizii, *Uchenye zapiski Kazakhskogo gosudarstvennogo pedagogicheskogo institute imeni Abaya* 1958, 15：181；草原考古研究会：《鍑の研究 – ユーラシア草原の祭器・什器》第 219 頁，D 2001，雄山閣，2011 年。

［18］新疆博物馆文物队：《新源县七十一团一连渔场遗址》，《新疆文物》1987 年第 3 期；草原考古研究会：《鍑の研究 – ユーラシア草原の祭器・什器》，第 218、220 頁，D3001，雄山閣，2011 年。

［19］Akishev et al, *Drevnyaya kul'tura sakov i usunei doliny reki Ili*, Alma-Ata, 1963：109；草原考古研究会：《鍑の研究 – ユーラシア草原の祭器・什器》第 206 頁，Cb 005，雄山閣，2011 年。

［20］Grigor'ev et al, Novye nakhodki bronzovykh kotlov v orkrestnostyakh Almaty, In Mar'yashev, A. N., Motov, Yu. A., Goryachev, A. A. (eds.) *Istoriya i arkheologiya Semirech'ya*：Sbornik statei i publikatsii, Almaty, 1999：84-85；草原考古研究会：《鍑の研究 – ユーラシア草原の祭器・什器》第 208 頁，Cb 006，雄山閣，2011 年。

［21］Bajpakov et al, Der Besagas-Hort und das sakenzeitliche Bronzegeschir aus dem Siebenstromland, *Eurasia Antiqua* 1996, 2：347-349；草原考古研究会：《鍑の研究 – ユーラシア草原の祭器・什器》第 208 頁，Cb 007，雄山閣，2011 年。

［22］Isamiddinov et al, Raskopki na gorodishche Koktepa, *Arkhologiccheskie issledovaniya v Uzbekistane* 2000 god, Samarkand, 2001：82.

Rapin, La tombe d'une princesse nomade à Koktepe prés de Samarkand, Claude Rapin, in Collaboration with Mukhammadjon Isamiddinov and Mutallib Khasanov. *Comptes Rendue de l'Academie des Inscriptions et Belles Lettres* (CRAI) Jan. -Mar. 2001：33-92.

Isamiddinov, M. Kh. Istoki gorodskoi kul'tury Samarkandskogo Sogda (problemy vzaimo- deistviia kul'turnykh traditsii v epokhu rannezheleznogo veka i v period antichnosti), Tashkent, 2002；草原考古研究会：《鍑の研究 – ユーラシア草原の祭器・什器》第 203、205 頁，Ca 016，雄山閣，2011 年。

［23］余太山：《古族新考》第 4～5 页，中华书局，2000 年。值得指出的是，贰师将军李广利攻打大宛时，大宛国已经是非常发达的城市国家了，而且拥有七十多座城，大夏在希腊化的背景下，城市建设更为发达。因此，大夏国和大宛国地区本来就有悠久的城建历史，当地原来的土著人应当是建立大夏国和大宛国的主流，至于塞人南迁在这个过程中到底起了什么样的作用，现在还不太清楚，需进一步研究。

［24］Sir Gerard Clauson, The Foreign Elements in Early Turkish, In Louis Ligeti eds, *Resear-*

ches in Altaic Languages. Budapest, 1975: 43-49.

［25］王明哲、王炳华:《乌孙研究》第 25 页，新疆人民出版社，1983 年。

Study on the Bronze Cauldrons Found in Uzbekistan

Guo Wu

This paper introduces and discusses the bronze cauldrons found in Uzbekistan which can be divided into three types, Type A has two round handles erected on the rim of the cauldron; Type B has two round handles on the shoulder; Type C has two ring handle in form of the bamboo joint on the shoulder. Type A might be has something to do with the western migration of the Great Yuezhi （大月氏）, Type B might be related with the Sake （塞人） or Yuezhi, Type C might be the remains of the Kang-chu （康居）.

Because of the unique location of the southern region of Uzbekistan which is the junction between the northern Eurasian steppes and southern oases, is the key belt along the Silk Road, as result, it is very important that the cauldrons discovered in this region reflect the historical process and relationship between the east and the west as well as the nomads and the settlers.

中国古代方斜率的来源与中西比较

武家璧

（北京联合大学考古学研究中心）

　　江陵张家山汉墓出土竹简《算数书》，有一题与无理数"方斜率"有关，题曰"以睘材方"，题意是将圆木裁成方木，已知圆木的周长，求裁出方木的边长。这是求圆内接正方形边长的问题，解这个题牵涉两个无理数，即圆周率 π 和方斜率 $\sqrt{2}$，这是人类最早认识的两个无理数。关于圆周率，过去有许多研究，它的起源和发展已追溯得比较清楚，而关于方斜率，人们知之甚少。汉简《算数书》记载运用方斜率近似值"方五斜七"解应用题，这是迄今见到我国最早关于方斜率的直接记载。分析传世文献，方斜率至少可以追溯至孔子时代。这个数值的发现和使用，是人类认识大自然奥秘取得的重要成果，也是显示一个文明的数学发展水平的重要标志。特撰此文，略申论之。

一　《算数书》中的"方五斜七"

　　《算数书》"以睘材方"题曰：

　　以睘（圜）材（裁）方　以圜材为方材，曰：大四韦（围）二十廿五分寸十四，・为方材几何？曰：方七寸五分寸三。术曰：因而五之为实，令七而一，四［……］

　　整理者彭浩先生指出，此题为已知圆周长，求其内接正方形的边长，其方法以近似圆周率 3 除周长，得到正方形的对角线，再由"方五斜七"之率得到正方形的边长[1]。由于牵涉到对"四围"长度的理解，尤其是术文的末尾截断，句式不完整，给诸家校勘复原留下想象空间。先后有苏意雯、苏俊鸿、苏惠玉等[2]，郭书春[3]，郭世荣[4]，段耀勇、邹大海[5]等诸先生对此题提出校勘意见，加之整理者彭浩先生的意见，共有五套复原方案。虽然五种复原文句不同，算法各异，但都认同在此题的解算过程中，使用了圆周率和方斜率的近似值"周三径一"、"方五斜七"。

"方五斜七"顾名思义就是正方形边长等于 5，其对角线斜长等于 7；或者说等边直角三角形的边长为 5，其斜长为 7。它表示等边直角三角形的边斜比，我们姑且称之为"方斜率"。现代数学知识告诉我们，这个比率是个无限不循环小数，不可以用两个整数之比即分数来表示，所以叫"无理数"，它的准确表示为 $\sqrt{2}$。"方五斜七"意味着方斜率取近似值：$\sqrt{2} \approx 7/5 = 1.4$。

人类最先认识的无理数是圆的周径关系和正方形边长与对角线的关系，前者是 π，习称"圆周率"；后者是 $\sqrt{2}$，中国古代称之为"方分"。《宋史·律历志》载范镇曰"按算法，圆分谓之径围，方分谓之方斜，所谓'径三围九、方五斜七'是也。"刘徽《九章算术》"圆田术"注，称此两率为"方圆之率"。裴秀制图六体"五曰方邪"，一般解释为"逢方取斜"，即矩形的边斜比率问题。我们故且仿"圆周率"（circumference ratio）例，把"方分"称之为"方斜率"（square ratio）。

江陵张家山汉墓年代为西汉早期，墓中出土有吕后二年（公元前 186 年）的《律令》，彭浩先生指出，《算数书》"下限是吕后二年，实际成书时间当早于此年"，"大部分算题的形成年代至迟不会晚过秦代，有的甚至更早"[6]。这表明"周三径一"、"方五斜七"之率，可能在先秦时代已有流行。

二　文献记载中的方斜率

方斜率"方五斜七"，在传世文献中始见于刘徽《九章算术》"勾股术"注，其文曰：

假令句、股各五，弦幂五十，开方除之，得七尺，有余一，不尽。假令弦十，其幂有百，半之为句、股二幂，各得五十，当亦不可开。故曰

"圆三径一，方五斜七"，虽不正得尽理，亦可言相近耳。

这里刘徽明确指出"圆三径一，方五斜七"只是近似值，"不正得尽理"。刘徽在《九章算术·圆田术》注中，用割圆术计算圆周率，从圆内接六边形开始割圆，每次边数倍增，割到圆内接192边形得到 π=157/50=3.14，又算到3072边形，得到 π=3927/1250=3.1416，一般把这一圆周率近似值称为"徽率"。至于方斜率，刘徽仅给出其算法为"开方"术，没有给出比"方五斜七"更近似的数值。

刘徽以后的算经书中屡见"方五斜七"之率和算题。《孙子算经》卷上云"周三径一，方五邪七。见邪求方，五之，七而一；见方求邪，七之，五而一"[7]。《孙子算经》卷中载有一个运用"方五斜七"率解题的典型算例——"方田桑生中央"题[8]，其文曰：

今有方田桑生中央，从角至桑，一百四十七步。问：为田几何？答曰：一顷八十三亩，奇一百八十步。

术曰：置角至桑一百四十七步，倍之，得二百九十四步，以五乘之，得一千四百七十步，以七除之，得二百一十步，自相乘，得四万四千一百步，以二百四十步除之，即得。

《五曹算经》亦载"方田桑生中央"题[9]，与此题意及数值完全相同。其"术曰"中的"以五乘之"、"以七除之"，与《算数书》术文"五之为实，令七而一"的表述意义相同，就是对"方五斜七"这一比率的应用。

此题谓：方田中央有一桑树在正方形对角线的交点处，桑树至四角距离相等，为147步，求方田的面积。计算方法是先求出对角线长度为147×2=294，再由"方五邪七"求出边长为294×5÷7=210步，因为一亩等于240平方步，故面积为210×210÷240=44100÷240=183.75（亩），即1顷83亩零180步（0.75亩=180步）。

《张丘建算经》载"以圆材为方"题[10]，其文曰：

今有圆材径头二尺一寸，欲以为方，问各几何。答曰：一尺五寸。（臣淳风等谨按：开方除之，为一尺四寸二十五分寸之二十一。）术曰：置直径尺寸数，以五乘之为实，以七为法，实如法而一。

其"术曰"中的"以五乘之为实，以七为法，实如法而一"与《算数书》术文"五之为实，令七而一"的表述基本相同。此题谓把圆截面直径

为 21 寸的圆木做成方梁，求梁的边长。按照术文，解法是：21 寸 ×5÷7 =
15 寸。唐李淳风注用开平方术得方边长为 14.84 寸。

唐大觉和尚撰《四分律钞批》卷三引"《俱舍》云'方五斜七，圆三
直一'"。《俱舍论》作者是北印度犍陀罗的世亲菩萨，生活在公元四五世
纪，晚于刘徽，因此圆周、方斜两率不可能由印度传入。

唐以后方斜率取值较"方五斜七"更为近似。按上引李淳风注，相当
于方斜率取 $\sqrt{2} \approx 1.415$。北宋李诫《营造法式》卷首《看详》"取径围"云：

若用旧例，以围三径一、方五斜七为据，则疏略颇多。今…诸径围斜
长依下项：圜径七，其围二十有二；方一百，其斜一百四十有一；…圜径
内取方，一百中得七十有一。

则李诫取圆周率 $\pi = 22/7$，方斜率 $\sqrt{2} \approx 1.41$。

明程大位《算法统宗》卷三"方田"章谓："世之习算者，咸以'方
五斜七、围三径一'为准，殊不知'方五'则'斜七'有奇，'径一'则
'围三'有奇。"梁思成《清式营造则例》附录《营造算例》载大木作"通
例"有"举架法"云："十举一四一"，即取方斜率 $\sqrt{2} = 1.41$；又于"梁"
的"角云"做法有"一四一四斜"[11]，即取方斜率 $\sqrt{2} = 1.414$，这对于工
程作法而言应该是很精确的了。

三　方斜率源于"大衍数"与"圆方"

"方五斜七"相当于取方斜率 $\sqrt{2} \approx 7/5 = 1.4$，早在刘徽以前，古人已
知这一数值并不准确。首先，由勾股定理可以证明等边直角三角形边长为
5，斜边并不为 7。《周髀算经》卷上之一载：

商高曰："数之法出于圆方，圆出于方，方出于矩，矩出于九九八十
一。故折矩，以为句广三，股修四，径隅五。……故禹之所以治天下者，
此数之所生也。"

简言之就是"数出于矩"，"矩出于九九八十一"。"九九八十一"代表
平方数，就是说矩形（勾股弦）出于"平方数"，商高接着举例"勾三股四
弦五"以明其理。赵爽注"勾股各自乘，并之为弦实，开方除之，即弦也"
（刘徽《九章算术》"勾股术"注与此略同）；"凡并勾股之实，即成弦实"。

后者即"勾方加股方等于弦方"，与商高所说"矩（勾股弦）出于九九八十一"是等价的。这说明"商高定理"并不仅指"勾三股四"这一特例，而是普遍的勾股弦平方数定理。根据勾股定理，易知方边为 5 时，斜长等于 50 的平方根，并不等于 7。

其次，就是"出于圆方"的《周易》"大衍之数"，表明"方五斜七"只涵盖在其用数"四十九"之中，而其本体数"五十"涵盖的方斜率为 $\sqrt{2}$ 。

孔子为解释《周易》所做的《系辞传上》云："大衍之数五十，其用四十有九。"王弼注："演天地之数，所赖者五十也；其用四十有九，则其一不用也。"这里"大衍"的"衍"与推演的"演"音义相通。按王弼注，所谓"演天地之数"就是推演"天圆地方"宇宙图式的"大衍之数"。清李光地《周易折中》下册《启蒙附论》曰[12]：

圆方周径之合数，勾股弦幂之积数，皆大衍之数五十，即数之体也。因而开方，则不尽一数，而止于四十九，即大衍之数之用也。故"大衍之数五十，其用四十有九"，亦维七足以尽之。此皆天地理数之自然，非人力可以增损其间者也。

此谓若"方圆同径"（正方形内切圆），则并勾股之幂，等于弦幂，等于方圆两周之和，即径积等于两周和。

李光地复作"大衍圆方之原"图，并说明：

凡方圆可为比例，唯径七者，方周二十八，圆周二十二，……合二十八与二十二，共五十，是大衍之数，函方圆同径两周数。

李光地的解释揭示了产生大衍数的"形数"关系，刘大钧谓此"亦发汉魏诸儒所未发"[13]。李光地揭示的形数关系如图一所示：

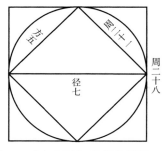

图一　"大衍数"推算示意图

若取圆周率、方斜率分别为"周三径一"、"方五斜七"，则"方圆同径"为七，圆周为三七二十一，方周为四七二十八，那么"径积"或"两周和"同为 49，这就是"大衍数"的用数。若按李光地之说改圆周率为 $\pi = 22/7$，得"大衍数"的本体数为 50。

我们用代数式来表达上面的思想。取圆的外切、内接正方形边长分别为 m、n，则"方圆同径"为 m，大衍数为 m^2，据"方圆同径两周数，与径积相等"的条件，以及勾股定理，可列出方程：

$$m^2 = \pi m + 4m \qquad (1)$$

$$2n^2 = m^2 \qquad (2)$$

得到下列表达式：

圆直径（外切正方形边长）： $m = (\pi + 4)$ (3)

大衍数： $m^2 = (\pi + 4)^2$ (4)

圆内接正方形边长： $n = (\pi + 4)\sqrt{2}/2 = m\sin 45°$ (5)

由此可得出大衍数的清晰概念：当圆直径取适当值（$\pi + 4$）时，有圆外切正方形的面积，等于圆周与其外切正方形周长之和，这个等数就是大衍数，等于（$\pi + 4$）的平方。依上述表达式，圆直径（外切正方形边长）及其内接正方形边长，以及大衍数，分别可用 π 或 π 与 $\sqrt{2}$ 的代数和来表示，因而都是无理数。大衍数的实质是表现"方圆"关系，它存在的充分必要条件是：圆直径等于（$\pi + 4$）。

根据近似值"方五斜七"之率，当圆内接正方形边长取 $n = 5$ 时，依据上所列方程式(2)，得大衍数 $m^2 = 50$。根据"周三径一"之率，当圆周率取 $\pi = 3$ 时，依据上所列表达式(4)和(5)，得大衍数的"用数" $m^2 = 49$。由于"周三径一"、"方五斜七"分别是圆周率、方斜率的有理数近似值，从而使"大衍数"表现为有理数。

大衍数是中国传统文化中独特的一个无理数，孔子用 49、50 这两个紧密相邻的奇偶数，以体用分开的方式，巧妙地表示了这个数。大衍数是继 π 和 $\sqrt{2}$ 以后人类认识的又一个无理数，通过对这个无理数的分析，可以发现：圆周率与方斜率这两个看起来互不相关的无理量之间，存在着某种内在的必然联系，可以表述为：当圆直径的平方为"大衍数"（用 π 表示）时，其内接正方形边长为 π 与 $\sqrt{2}$ 的代数和。或者表述为：当圆外切正方形边长由 π 表示并取适当值（$\pi + 4$）时，其内接正方形边长为 π 与 $\sqrt{2}$ 的代数和，并使圆外切正方形面积等于其方圆两周之和。显然这种关联，体现在"圆方"关系之中。是以商高曰："数之法，出于圆方"，证之以无理数亦然。

四　与古希腊的比较

如前所述，中国通过勾股定理和开方术发现了无理数 $\sqrt{2}$ 的存在，为了实用目的采用其近似值"方五斜七"解决各种实际问题。古希腊则主要通过几何方法发现了无理数。

古希腊对无理数的发现，是毕达哥拉斯学派在公元前 470 年左右完成的[14]。毕达哥拉斯学派把"数"与几何等同起来，主张"万物皆数"，认为宇宙一切现象都可归结为整数或整数之比，是数论上的古典整数论。但无理数的发现表明某些几何量不可能用"数"来表示，这令他们无法接受。

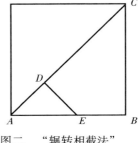

图二　"辗转相截法"

最先发现的无理数是 $\sqrt{2}$，毕达哥拉斯学派的人用"辗转相截法"求正方形的边与其对角线的公度（commensurable），结果发现公度单位并不存在。"辗转相截法"如图二所示：

第一步，以边长度量斜长：正方形的邻边与其对角线构成等边直角三角形，以正方形边长（BC）为单位去截断对角线（AC），得一个单位（$BC = CD$）有余（AD）。

第二步，作小直角三角形：以斜边被截断的余长（AD）为一边，在正方形边斜之间作小直角三角形（$\angle ADE$），易知为等边直角三角形，有 $AD = DE = EB$。

第三步，以斜长单位度量边长：以斜边余长（AD）为单位去截断正方形边长（AB），截得一个单位（$AD = EB$）之后，其余（AE）恰好为小直角三角形的斜长。

第四步，以小三角形的边长度量其斜长：以（AD）为单位去截断其斜边（AE），必得一个单位有余。情况回到与第一步完全相同，只是改换在边斜之间的小三角形内重复进行。

按上述步骤，在正方形的边斜之间辗转相截，重复下去，没有穷尽，最终找不到一个数的单位来度量正方形的边与其对角线，证明两者之间"不可公度（不可通约）"。没有一个公度或者比例单位，使得正方形的边和对角线同时为整数，或者说两者之间"不可比"、"不可通约"、"不可公度"、"不可表达"等。以正方形边长的任一约数或因数去度量对角线，对角线就成为一个"不可通约量"（incommensurable quantities）。

"不可通约"现象的最简单情形是：以正方形边长为 1，则其对角线为 $\sqrt{2}$，$\sqrt{2}$ 就是一个"不可通约量"，又叫作"无理数"（irrationl number）。希腊文"可比的"一词转写为拉丁文（ratio）时，既保留了"比"的意义，又产生了"理由"意思，故原来的"可比数"变成了"有理数"（rational）；"不可比数"变成了"无理数"（irrationl）。

"不可通约量"的发现，动摇了希腊哲学"万物皆数"的信仰。毕达哥拉斯学派发现无理数后，非常恐惧，严密封锁消息，规定泄露消息者必遭严惩。据说毕氏学派团体在海船上证明发现了"无理数"，因而把发现者（一说泄密者）希帕苏斯（Hippasus）投到大海里，以示惩罚[15]。一说泄密者希帕苏斯被开除出毕氏团体，毕氏学派把他当作死人，还为他建了一个墓[16]，此人后来因遭遇海上沉船而丧生[17]。

毕氏学派以发现勾股定理而著称，因此勾股定理在西方被称为"毕达哥拉斯定理"。毕氏学派是用几何方法发现勾股定理的，他们发现的是"形的勾股定理"，"不可通约量"的发现证明"数的勾股定理"并不存在，因此"毕达哥拉斯定理"是不完全的勾股定理，这与商高表述的勾股弦"平方数"定理是不同的，商高定理才是完全的勾股定理。"不可通约量"的发现，证明并非所有几何量都能表示为"数"，把几何和代数割裂开来，必将引起代数脱离几何而迅速发展，然而由于毕氏学派严密封锁无理数的消息，导致几何学高度发达的希腊，其代数学相对滞后。

与希腊人对无理数的恐惧相比，我们的祖先对无理数也充满敬畏之心，因而用它来解释天地结构和宇宙起源，进而采用变通的方法，使之适合实用，用以解决生产和生活中的实际问题，这充分显示了我国传统文化的包容性和实用主义传统。

关于我国无理数的发现，我们至少可以追溯到孔子（公元前 551～前 479 年）的《易传》，年代比毕达哥拉斯学派稍早。然而问题是，孔子论"大衍数"是讲述"筮法"的，而推演"筮法"的不是孔子，可能是周文王。《系辞传》曰："《易》之兴也，其当殷之末世、周之盛德邪？当文王与纣之事邪？是故其辞危。"帛书《衷》篇："子曰：《易》之用也，段（殷）

之无道、周之盛德也……非处文王之危，知史记之数者，孰能辨焉。"司马迁《报任安书》"文王拘而演《周易》"。《汉书·艺文志》"宓羲氏作八卦，周文王重《易》六爻、作上下篇，孔氏为之《彖》、《象》、《系辞》、《文言》、《序卦》之属十篇。故曰：《易》道深矣，人更三圣，世历三古"。《隋书·经籍志》"昔宓羲氏始画八卦……周文王作卦辞，谓之《周易》；孔子为《彖》、《象》、《系辞》、《文言》、《序卦》、《说卦》、《杂卦》。"孔颖达《周易正义·序》"伏羲制卦，文王系辞，孔子作十翼……卦辞文王，爻辞周公，马融、陆绩等并同此说，今依用之"。据此而言，"大衍数"及其"天圆地方"的宇宙图式，应是周文王的重大发现，那么无理数 $\sqrt{2}$ 也应归为周文王的发现之一，这比希腊要早 500 多年。

五　与古巴比伦的比较

　　古代巴比伦的代数学十分发达，能够开方计算出 $\sqrt{2}$ 的精确值。在古巴比伦王国（约公元前 1900～前 1600 年）的一块圆形泥版上，刻画有正方形及其对角线的图案，在正方形的一边与对角线上下刻有三列楔形文字的数字[18]（图三）。

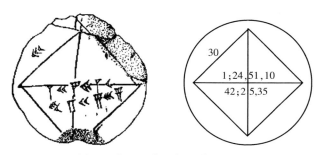

图三　古巴比伦泥版及其改写图

　　巴比伦采用六十进制，垂直向下的直楔表示个位，角楔表示十位，可知正方形边上的数值为 30，刻写在对角线上的数为（1；24,51,10），对角线下的数为（42；25,35），其中对角线上的数，按六十进制计算有：
$$(1;\ 24,51,10)^2 = 1;\ 59,59,59,38,1,40$$
即"对角线数"的平方，与 2 非常接近。分析表明，三个数值分别表示正方形的边长、对角线斜长，以及斜与边之比率（$\sqrt{2}$），将其由六十进制数字转写为十进制数字，就是：

方：30；= 30

斜：42；25，35 = 42.42639

率：$\sqrt{2} \approx 1$；24，51，10 = 1.414213

这是相比"方五斜七"扩大六倍的正方形，其斜长缩小六倍后的平方数（49.9999…）就是中国的"大衍数"50。

中国上古虽然没有留下关于方斜率 $\sqrt{2}$ 的精确数值，但由于有《易传》"大衍之数五十"的表述，从理论上我们可以判断其精度应与古巴比伦保持同样水平。商高说"数之法出于圆方……故禹之所以治天下者，此数之所生也"。如果把"大衍数"的发现推到夏朝（公元前 2070～前 1600 年）[19]，那么在时代上也与古巴比伦王国基本同时。我们期望在中国新石器时代晚期以及夏商周时代的考古学遗存中，能够找到相关的证明。依据"认知考古学"方法，如果发现一个正方形的边长被有意识地划分为五等份，或者是当时某个长度单位的五倍，这种情况经常出现，基本上就可以肯定那个时代的人们在使用"方五斜七"的比率。

古巴比伦的代数学高度发达，但他们的六十进制并不十分有利于开方运算，故其计算精度也就与中国的"大衍数"相当。所不同的是，古巴比伦人仅把方斜率当作一个数学常数来精确计算，中国祖先则将其与"大衍数"相联系，把它融入哲学范畴，以表现宇宙图式，探讨宇宙本源的问题。

注　释

［1］彭浩：《张家山汉简〈算数书〉注释》第 81～82、109～113 页，科学出版社，2001 年。

［2］苏意雯、苏俊鸿、苏惠玉等：《〈算数书〉校勘》，《HPM 通讯》2000 年第 3 卷第 11 期。

［3］郭书春：《〈算数书〉校勘》，《中国科技史料》2001 年第 22 卷第 3 期。

［4］郭世荣：《〈算数书〉勘误》，《内蒙古师大学报（自然科学版）》2001 年第 3 期。

［5］段耀勇、邹大海：《〈算数书〉中"以嬴材方"、"以方材嬴"两问校证》，《自然科学史研究》2003 年第 2 期。

［6］彭浩：《中国最早的数学著作〈算数书〉》，《文物》2000 年第 9 期。

［7］（唐）李淳风等注、郭书春校点：《孙子算经》卷上第 1 页，《算经十书》
　　（二），辽宁教育出版社，1998 年。

［8］（唐）李淳风等注、郭书春校点：《孙子算经》卷上第 12 页，《算经十书》
　　（二），辽宁教育出版社，1998 年。

［9］（北周）甄鸾、郭书春校点：《五曹算经》卷第一第 2 ~ 3 页，《算经十书》
　　（二），辽宁教育出版社，1998 年。

［10］（北魏）张丘建撰、（唐）李淳风等注、郭书春校点：《张丘建算经》卷上第
　　　9 页，《算经十书》（二），辽宁教育出版社，1998 年。

［11］梁思成：《营造算例》，《梁思成全集》第 6 卷第 129、134 页，中国建筑工业
　　　出版社，1981 年。

［12］（清）李光地：《启蒙附论》卷三，《周易折中》下册第 1121 ~ 1122 页，九州
　　　出版社，2002 年。

［13］刘大钧：《〈御纂周易折中〉前言》，《周易折中》，巴蜀书社，2006 年。

［14］梁宗巨：《毕达哥拉斯》，《世界著名科学家传记·数学家Ⅱ》，科学出版社，
　　　1992 年。

［15］（美）M. 克莱因：《古今数学思想》（第一册）第 37 页，上海科学技术出版
　　　社，1979 年。

［16］（美）H·伊夫斯著、欧阳绛译：《数学史概论》（修订本）第 63 页，山西经
　　　济出版社，1986 年。

［17］梁宗巨：《毕达哥拉斯》，《世界著名科学家传记·数学家Ⅱ》，科学出版社，
　　　1992 年。

［18］（美）A. 艾鲍著、周民强译：《早期数学史选篇》第 29 ~ 31 页，北京大学出
　　　版社，1990 年；李文林主编：《数学珍宝——历史文献精选》第 22 页，科学
　　　出版社，1998 年。

［19］夏商周断代工程专家组：《夏商周断代工程 1996 ~ 2000 年阶段成果报告》（简
　　　本）第 86 页，世界图书出版公司，2000 年。

The Origin of China's Ancient Square Ratio
and its Comparison between Chinese and Western

Wu Jiabi

There is an Applied Problem about how to get the side of square inscribed in a circle in the bamboo book *Suan-shu book* of Han dynasty from the tomb of zhang jiashan of jiangling County, the ratio between square side and its diagonal was represented by "square side 5 and hypotenuse 7 ", this is the approximation of the irrational number $\sqrt{2}$ which was called the square ratio. By analysis ancient documents, it can be traced to the "da-yan number" which mentioned by Confucius in the *xi ci zhuan* · *Book of Changes* and the relationship between circle and square which mentioned by Shang – gao in the *zhou bi suan jing*, and related with cosmological pattern such as "the sky is circle and the earth is square". The square ratio $\sqrt{2}$ and the circumference ratio π are the first two irrational numbers known by human beings; it indicates the mathematical level of a civilization. The news that the irrational number $\sqrt{2}$ has been found had been black out by the Pythagoras school of ancient Greece. The ancient Babylonia had calculated $\sqrt{2}$ to extract of a square root.

4～5世纪洛阳与罗马的陷落

熊存瑞

（西密歇根大学）

对中国的晋帝国与西方的罗马帝国而言，4～5世纪可谓多舛之秋。而洛阳、罗马二城的陷落意义最为深远。两者虽年代、地域远隔，而其过程、原因、影响亦颇有相似之处。今对二事件略加陈述，并比较其异同。

一

311年洛阳被匈奴人攻陷，史称"永嘉之乱"。从此一度统一南北之晋朝政权变得一蹶不振。此悲剧之出现可溯源于3世纪末。290年，晋武帝晏驾，司马衷即位，是为惠帝，大权却牢牢掌握在武帝岳父杨骏手中。惠帝配偶贾南风（贾后），心狠手辣，不甘于现状，次年发动政变，将杨骏杀死，并灭三族，数千人受牵连而丧命。此后贾后又杀害司马亮、司马玮两位亲王。在诸贾和某些高官的拥戴下，贾后主宰朝政长达九年。300年，贾后因内侄贾谧的缘故杀死太子司马遹，掌握禁兵的亲王司马伦趁机起事杀贾后、废惠帝，从而拉开了"八王之乱"内战的帷幕。此后六年中，又有包括司马伦在内的六位亲王被杀。306年6月，惠帝返洛阳。次年初，东海王司马越杀河间王司马颙，"八王之乱"终告结束[1]。

306年11月，惠帝食物中毒死亡，疑被弑杀。其弟司马炽即位，是为怀帝。怀帝与惠帝不同，常与群官论政务、考经籍，似有武帝风范，但当时内忧外患，亦不能扭转乾坤。军政大权均由"八王之乱"的赢家司马越所掌控，更危险的是，居住在汾河流域的匈奴人已趁机发难。304 年，右贤王刘宣雄辩地提出叛晋的理由："晋为无道，奴隶御我……今司马氏父子兄弟自相鱼肉，此天厌晋德……此天与不取，反受其咎"，并举出其前任刘猛抗争被杀的例子。匈奴首领刘渊接受了刘宣的建议，在离石建国。刘渊为西汉初年时大单于冒顿之后。刘邦与冒顿约为兄弟，并以汉公主妻之，此后，冒顿子孙以刘为姓。而刘渊亦以汉为国号（后改为赵，史称汉赵或前赵），称王登基，历述从刘邦、汉武帝、东汉光武帝到蜀汉刘备、后主的承袭关系，意在尊汉朝为正统。随后匈奴人开始攻城略地[2]。在此前后，反晋的武装暴动可以说是风起云涌。尤其是河北的汲桑、羯人石勒和山东的刘伯根、王弥诸部。旋即石勒、王弥两员猛将归于刘渊麾下，使匈奴军队如虎添翼[3]。308 年，刘渊称帝后不久即开始大举进攻中原。次年在一年之内发动了四次洛阳战役。第一次由大将军刘景指挥，其余三次均由渊子刘聪指挥[4]。

310 年 7 月，刘渊病死，汉赵陷入一场殊死的权斗，最终以渊四子刘聪获胜而告终。10 月汉赵发动第五次洛阳战役，由刘粲、刘曜、王弥等率四万众为主力，石勒率两万骑为外援，未胜而退[5]。

与此同时，晋朝内部的权斗愈演愈烈。怀帝痛恨司马越专权，密令大将荀晞讨之。司马越获知怀帝的意图后，于 311 年 3 月忧惧而死。当时司马越属下的晋军主力从河南东部向南移动，以护送司马越的灵柩至东海下葬，为汉赵石勒在苦县宁平城（今商丘南）追及。晋军败绩，几十万大军，石勒"以骑围而射之，相践如山，王公士庶人死者十余万。王弥弟璋焚其余众，并食之"[6]。晋宗室 48 亲王、太尉王衍及诸多高官落入敌手[7]。先是，司马越死，其部下拥戴王衍为帅，王衍因惧怕而推辞。王衍为竹林七贤之一王戎的堂弟，酷爱老庄，自言"少无宦情，不豫世事"，石勒以排墙杀之，同时下令剖开司马越的灵柩，焚烧其尸体。怀帝亦降旨，将越追贬为县王[8]。

平宁之捷使匈奴扫除了征服洛阳和中原的主要障碍。"既而洛阳饥困，人相食，百官流亡者十八九"。怀帝决定迁都，试图与几十名扈从逃离洛阳，但出宫不久，在铜驼街遇盗匪，不得进而返。宫中粮食奇缺，以至于某度支校尉用抢劫到的谷麦献上，竟得到怀帝嘉奖[9]。

　　是年 6 月汉赵第六次攻打洛阳，用兵两万七千人。晋兵出战 12 次，均败下阵来，死者逾三万。6 月 29 日，匈奴先遣部队抵达洛阳城下，次日大将军呼延晏开始攻城，于 7 月 2 日攻陷正南门平城门。因外援未至，呼延烧东阳门及诸府寺后撤退。怀帝又试图从水路逃生，不幸，洛水上为他准备的船只被呼延发现后烧毁。匈奴援兵王弥、刘曜部接踵而至。7 月 13 日，在王弥、呼延晏的率领下，匈奴军攻陷平昌门以西的宣阳门，洛阳失守[10]。王弥、呼延晏进南宫，升南宫正殿太极殿前殿，"纵兵大掠，悉收宫人、珍宝"。怀帝出华林园门，试图由陆路逃往长安，被汉赵兵追执，幽禁于端门。匈奴主帅刘曜由西明门人，见王弥部大肆抢掠，试图禁止，杀死王部将，以至刘王交恶。然而刘之所为则有过之而无不及，杀戮太子、左右仆射、其他高官及士民三万余人，烧毁宫庙、发掘陵墓、逼辱妃后。王弥虽然怂恿部下抢掠财物，但却意识到洛阳作为帝都的重要性，说刘曜云，此为天下之中，山河四塞，应劝主迁都。刘不但不纳，反而将洛阳付之一炬[11]。当时在中国经商的粟特人那耐·万达克（Nanai-Vandak）在信中述及"匈人"暴行，惊呼，"洛阳已不复存在！"[12]（图一）。

　　永嘉之乱实际上意味着晋王朝在北方的倾覆，怀帝本人也沦为匈奴的阶下囚。313 年初，刘聪宴群臣，让怀帝行酒。晋故臣见怀帝着奴婢所穿青衣，不胜悲愤，因号哭。刘聪恶之，遂杀故臣十余人及帝[13]。司马氏在长安临时拼凑起来的朝廷仅存在 4 年即覆灭于匈奴。长安陷落，晋愍帝被俘，不久被杀[14]。司马氏余部所建的东晋王朝，严格言之，仅为割据江南的地方政权。

　　永嘉之乱所带来的经济、文化上的损失可以说是灾难性的。中原满目疮痍，首都洛阳化为灰烬。"比屋不见火烟，饥人自相啖食"[15]。有关朝廷制度的典籍尽毁于战火[16]。《尚书》欧阳家、大小夏侯家的著作、皇家图书馆藏《古文尚书》消失殆尽。数以几十万计的官藏、私藏书籍想必遭到同样命运[17]。

　　永嘉之乱不久士人便开始反思其历史教训。311 年，洛阳陷落后，陈頵在写给南方士人领袖王导（太尉王衍之族弟）的信中谈及中华倾弊与老庄之学的关系[18]。后军将军应詹（279～331 年）亦云，"贱经尚道，以玄虚宏放为夷达，以儒术清俭为鄙俗。永嘉之弊未必不由此也"[19]。晋成帝时，

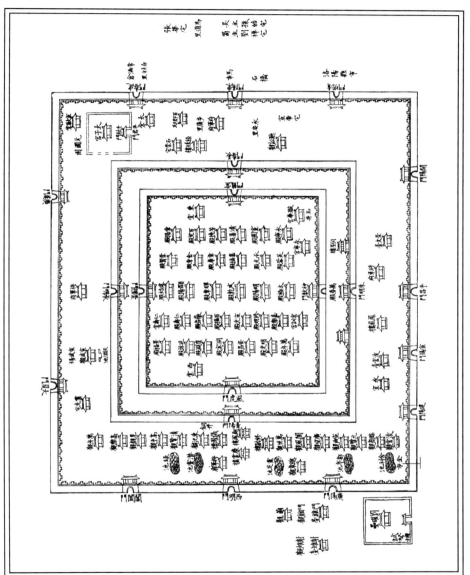

图一　西晋洛阳

尚书令卞壸抨击当时"以王澄、谢鲲为达"的风气时说道："悖理伤教，罪莫斯甚。中朝倾覆，实由于此。"[20]范宁（约 339～约 401 年）则直言王弼、何晏为中原倾覆之罪人，罪过桀纣[21]。至唐初，由房玄龄等执笔的官修《晋书》写道："有晋始自中朝，迄于江左，莫不崇饰华竞，祖述虚玄，遂使宪章弛废，名教颓毁，五胡乘间而竞逐，二京继踵以沦胥。"清代赵翼归咎于肇端于魏正始中的清谈之习[22]。同代的顾炎武则有魏晋清谈亡天下之论[23]。

至此，关于永嘉之乱的讨论，仅仅局限于"清谈误国"的命题[24]。而此说亦不无道理。西晋清谈之风盛行，时人崇尚虚玄，无视世事。太尉王衍深感其害，临死前有云："尚若不祖尚浮虚，戮力以匡天下，犹可不至今日"[25]。

然而，更重要的原因应在于晋武帝所采用的一系列国策。晋武帝长子早亡，故以次子司马衷为太子。衷是有名的低能儿，晋武帝亦感到失望，想废黜他，却因其生母的反对而作罢[26]，势必造成将来大权旁落。为了巩固皇室的地方权力，晋武帝将与自己亲近的亲王作为都督派到河南、河北、陕西、甘肃、山东、江苏等战略重地，无意中使他们变为能与中央抗衡的地方势力[27]。征服吴国以后，武帝大行偃武修文，将大量的州、郡兵转为农民，从而削弱了地方对诸藩王的制衡作用[28]。此外，承袭东汉末、曹魏的传统，西晋鼓励北方诸族内徙。有人估计，西晋迁入内地的匈奴人口不下二十万，分布在北方甘肃、宁夏、陕西、山西、河北等地，其中以山西汾河流域的人口最为集中。在西晋统治下的匈奴人保留固有的政治结构和社会制度[29]。武帝身后，"八王之乱"生，天下萧条，生灵涂炭，为地方反叛制造了客观条件。高度自治的匈奴人政权应运而起，叛晋自立，终酿成中原倾覆的大祸[30]。

二

永嘉之乱将近 100 年以后，古代西方的罗马城被蛮族攻陷。在陷落之前，这座最"永恒的城市"已经历长时期的沦落。早在公元 3 世纪末，戴克里先（Diocletian）皇帝建立四帝分治（tetrarchy）（图二），为罗马城的最终失势埋下了伏笔。其继承人君士坦丁（Constantine）移都拜占庭城（后称君士坦丁堡 Constantinople），并取消了四帝分治制度。从 364 年起罗马分为东西二部。至 392 年，东部皇帝狄奥多西一世（Theodosius Ⅰ）统一二部。395 年初，狄奥多西去世，罗马帝国再度分为东西二部，分别由其子 17 岁的阿卡狄奥斯（Arcadius）和 10 岁的霍诺留（Honorius）统治。从此，统一的帝国不复存在。由于两者天赋欠佳，加上年幼无知，大权旁落于高官、宫廷贵妇之手，故有"儿皇帝"之称[31]。

图二　戴克里先浴场（罗马）

狄奥多西去世之前将霍诺留和西罗马帝国的命运托付给权臣斯提利科（Stilicho）。有汪达尔（Vandal）血统的斯提利科行伍出身，时为西罗马军队统帅。其所面临的任务大致有三：防止蛮族入侵、保持与东罗马的关系、平定地方叛乱。从 395 年起，亚拉里克（Alaric）领导下的西哥特人对西罗马屡次构成威胁。403 年，斯提利科重创亚拉里克之后，与之议和。405 年哥特人领袖异教徒拉达盖苏斯（Radagaisus）率东哥特和其他蛮族人，大举入侵意大利。次年，拉达盖苏斯战败被杀，斯提利科名声大振。年末，成群的阿兰、苏汇维、汪达尔人（Alans，Sueves，Vandals）趁着罗马边界防务空虚之际，从中欧跨过莱茵河进入西罗马帝国[32]。此后，在不列颠爆发了君士坦丁三世（Constantine Ⅲ）的叛乱。斯提利科在试图平叛的同时，仍在考虑如何完成进攻伊利里库姆的计划。当他的同盟亚拉里克要求让元老院支付欠款时，斯提利科强迫元老院就范，引起诸元老不满[33]。

408 年 5 月，东罗马皇帝阿卡狄奥斯去世，其 7 岁的儿子即位。斯提利科试图趁机控制东罗马，以完成统一大业。但不巧在米兰南部发生了针对他的兵变，斯提利科赶至拉文那（Ravenna）。当他得知霍诺留皇帝亲自下达了对自己的逮捕令时，斯提利科躲进一所教堂里寻求避难，终被叛军杀死[34]。

斯提利科死后，亚拉里克开始与霍诺留进行周旋，在两年中，三次围困罗马。第一次围困罗马发生在 408 年底。由于饥饿和疾病的蔓延，罗马元老院很快对亚拉里克做出让步，以 5000 磅金子、3 万磅银子、大量的丝绸、辣椒、羊皮纸为代价，换得罗马的解围[35]。

第二次围困发生在 409 年底。当亚拉里克的要求迟迟得不到满足时，他出兵占领了罗马附近的波尔图斯（Portus）港，切断其物资供应，并立霍诺留的重臣亚塔鲁斯（Attalus）为帝。但亚拉里克废黜霍诺留的计划终未能得逞，而攻打北非的计划又遭到亚塔鲁斯反对，于是，亚拉里克决定以废黜亚塔鲁斯为代价再次与住在拉文那的霍诺留谈判。但因遭到霍诺留的将领萨鲁斯（Sarus）的攻击，亚拉里克终止了谈判[36]。

410 年 8 月，想必已经是恼羞成怒的亚拉里克率西哥特和其他蛮族军队来到罗马城下，开始第三次围困。哥特人既无攻城器具，又无攻城经验，显然没有攻陷罗马的计划。但 8 月 24 日凌晨，他们发现北城墙的萨拉里亚门（Porta Salaria）从里面被打开，于是就蜂拥而入。鉴于哥特人和罗马人同为基督徒［虽哥特人笃信被斥为异端的阿里乌斯教（Arianism）］，亚拉里克申明严格的纪律：不许杀戮纵火，不许侵害使徒教堂财产，不许伤害在使徒教堂寻求避难的居民。但亚拉里克的指示并没有得到彻底执行。靠近城门的萨卢斯特园（Gardens of Sallust）首当其冲（图三），金银珠宝被洗劫一空后，园中宫殿建筑被付之一炬。西里欧山（Caelius）圆市场和艾米利亚（Aemilia）殿（位于罗马广场）也烧为灰烬。在城西北部有两座著名的陵墓，分属于开国皇帝奥古斯都（Augustus）和帝国最盛时期的皇帝哈德良（Hadrian）（图四）。哥特人找到罗马人世代崇拜的皇帝骨灰，并将之遗弃，却完整无损地保留了陵墓的地上宫殿建筑。此举的目的显然在于摧毁罗马祖先崇拜的神秘性和罗马人的认同感。此外，罗马著名建筑元老院、庞培剧场、斗兽场（Colosseum）均有不同程度的毁坏[37]（图五、六）。

对于后世影响巨大的圣奥古斯丁（St. Augustin of Hippo，354～430 年）相信，由于其宗教信仰，哥特人对当地人通常是仁慈的。但他也不得不承认包括基督徒在内的罗马人遭到烧杀抢掠，死者被暴尸街头，生者沦为奴

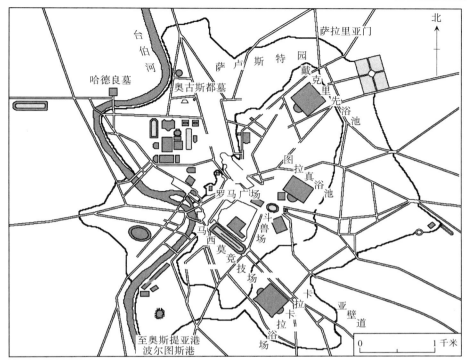

图三　罗马

图四　奥古斯都墓

图五　罗马斗兽场

图六　马西莫竞技场

隶。18 世纪史学家吉本（Gibbon）指出，4 万罗马人手下的奴隶由于哥特人入侵而获释。他们对虐待自己的前主人进行报复时，毫无道德上的顾忌[38]。

从某种意义上来说，攻陷罗马是对霍诺留的一种报复。但霍诺留似乎并不关心罗马的命运。当时他所豢养的宠物鸡亦名"罗马"。当被告知罗马已死，霍诺留为之失色。后来有人证明，所谓"罗马"指"罗马城"而非指同名宠物时，霍诺留方感到慰藉[39]。

不幸中的万幸是这场浩劫仅持续三天，此后哥特人匆匆离去。其主要原因是供给欠缺，罗马的粮食已经消耗殆尽。此时亚拉里克率大军南下，旨在亲征有"帝国粮仓"之称的北非。哥特人到达意大利南端以后，尽管西西里岛仅有咫尺之遥，却因恶劣的天气不得不停止行动计划而北上。不久在康森提亚（Consentia），亚拉里克患病而亡[40]。

在罗马的漫长历史中，410年的陷落是最著名的一次。在城市的毁坏程度上，它远不如公元前4世纪末由高卢人入侵而导致的陷落。抢劫所造成的损失却又逊色于455年汪达尔人导致的陷落。但它对罗马人造成了无可比拟的心理上的创伤，是西罗马帝国走向衰亡的重要标志。

对罗马410年的陷落，圣杰罗姆（St. Jerome，约347～420年）惊呼道，"在一座城里，整个世界毁灭了"[41]。很多名人、学者也相继发表评论，包括所左门（Sozomen，约400～约450年）、奥罗修斯（Orosius，约380～418年后）、约达尼斯（Jordanes，全盛时期551年）、普罗科匹厄斯（Procopius，约500～约565年）。其中最著名的莫过于圣奥古斯丁。鉴于罗马陷落发生在基督教兴起之后，有人提出基督误国论：基督教使人们抛弃古代罗马的保护神，从而带来哥特人的入侵。为了反驳这一观点，圣奥古斯丁撰写《上帝之城》（De Civitate Dei），试图从基督徒的立场上解释陷落期间基督徒所蒙受的苦难。他们被奴役，被屠杀，其遗骸无人掩埋；保持贞操的圣女被粗暴蹂躏，以至有不忍其辱而自杀者。圣奥古斯丁认为，基督徒变得过于依恋世俗生活；他们被迫放弃奢华是有益的，而暴尸街头并不重要；圣洁的女性对自己的贞洁过于骄傲，而上帝正是想要提醒她们做人要谦卑[42]。

事隔一千多年后，18世纪英国最著名的历史学家吉本撰写了《罗马帝国衰亡史》，用大量的史实探讨罗马衰亡的原因。在叙述罗马的陷落时他写道："罗马建立1163年后，这曾经制服、教化人类相当的一部分的帝国城市遭受了日耳曼和斯基泰部落放荡无羁的狂怒"[43]。此后，他又补充道，"长达11世纪的经验使后人找到一条更为特殊的例子，充分证明亚拉里克领导的来自多瑙河沿岸的蛮族人所造成的破坏，其毁灭性要小于查尔斯五世（Charles V，1500～1558年）（一位自诩为罗马皇帝的天主教国王）手下军队所发动的战争"[44]。蛮族入侵对罗马具有一定毁灭性，但其严重后果不宜过分夸张。

启蒙思想家伏尔泰（Voltaire）则将矛头直指基督教。基督教虽能强以遮天，却带来帝国的丧失。他注意到各教派在反对异教的同时在神学问题上如痴如狂地自相残杀。然而，令人惊讶的是，帝国竟然能继续存活下来[45]。伏尔泰的批评实际上与吉本的一个重要观点相吻合，即基督教的兴起是帝国衰亡的主要原因之一。

19世纪的史学家基佐（Guizot，1787~1874年）似乎更为公允。他说，"蛮族入侵和罗马帝国的消亡所带来的是思想运动的停滞，甚至毁灭。在他们的打击下，残存下来的科学、哲学、自由精神均消失于5世纪。然而，道德运动、基督教的实用改革、基督教建立于人民之上的正式权威不但没有被触及，甚至可能有所进展…蛮族的入侵并不能扼杀有生命力的东西。实际上，思想活动和自由早已走向衰微：一切迹象表明，它们会因自身的力量而停滞不前。蛮族的入侵使这种停滞来得更突然、更早一些。我想，能够归咎于蛮族入侵的仅此一点"[46]。

20世纪以来，学者们越发不能苟同于吉本的"衰亡"论点。他们认识到罗马后期的历史不仅仅是帝王将相史，从而将研究扩展到各个阶层，开拓新的领域[47]。罗马410年的陷落，对当时帝国的居民来说无疑有深刻意义，但实际上仅是罗马帝国所遭遇的众多挫折之一。

三

4~5世纪，古代东西方最著名的城市洛阳和罗马分别在311和410年被蛮族攻占。尽管洛阳、罗马万里相隔，两者陷落的原因、经过、影响竟有惊人的相似之处。首先，陷落前中国和罗马都在强大君主（晋武帝和狄奥多西一世）的统治下获得统一，而君主过世以后，均传位给年纪尚轻的儿子（中国的晋惠帝；罗马的霍诺留和阿卡狄奥斯）。中国因"八王之乱"，中央权力急剧削弱；罗马则分为东西二部，分由二弱主统领（罗马城属西罗马统管）。最终，西晋与西罗马的军政大权落入权臣司马越和斯提利科之手。两国均有大量未能归化的外族人迁入内地居住，尤其是中国的匈奴人和西罗马的哥特人。二位权臣死后，两国均陷入极度混乱，使外族人有机可乘，威胁东西方第一大城市洛阳和罗马。在两城陷落之前，两国的外族人均进行了多次围困、攻打。匈奴寇洛阳六次，哥特人围罗马三次。

尽管匈奴人掘毁陵墓与哥特人扬撒皇帝骨灰的做法几乎同出一辙，但是，陷落以后两城的遭遇颇不相同。匈奴人屠城纵火，将洛阳夷为废墟。哥特人攻陷罗马后则重抢掠而轻烧杀。这也许是因为匈奴首领刘渊早已称帝，故其汉赵国与晋水火不容；而西哥特王亚拉里克从无称帝之欲，更无烧城之念。

两城陷落所造成覆灭性的影响亦颇相类。永嘉以后，洛阳不复存在，西晋名存实亡，中国进入连年战乱的黑暗时代和近 300 年的分裂。亚拉里克撤离后不久，罗马人口、经济稍见恢复[48]，但国势衰微已不可挽回，以至 476 年西罗马彻底消亡。

陷落后，东西方精英均进行了反思，所作结论中清谈误国论与基督教误国论相类。然而，中国文献有关洛阳看法通常仅有只言片语，而且仅限于对"虚玄"、"清谈"抨击；相比之下，西方文献中保留较多有关罗马陷落的评论（如奥古斯都的《上帝之城》），而其焦点往往在基督教问题上。

洛阳、罗马，天壤悬隔，然二城陷落并非毫无关联。4 世纪下半叶，匈人的西进迫使哥特人西迁，至 4 世纪 70 年代，哥特人跨过多瑙河成群涌入罗马帝国本土。从此，被视为蛮族的哥特人与罗马人命运交织，开始发展盘根错节的关系。正是在此种情况下，西哥特首领亚拉里克方能应运而生，趁乱攻陷罗马。而导致蛮人大迁徙的"匈人"被很多学者确认为中国文献中的匈奴。公元 48 年，匈奴分裂为南北二部，南部内徙，刘渊、刘聪即其后裔。北部匈奴于公元 87 年受鲜卑人攻击，公元 91 年左右开始西迁，经中亚最终进入欧洲[49]（图七）。当然，亦有反对此论者[50]。不过，粟特人那耐·万达克在 4 世纪初的信中称攻陷洛阳者为"匈人"，这似乎为匈奴、匈人同一论者提供了不可争辩的证据。

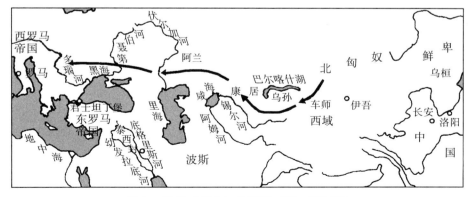

图七　匈奴（匈人）的西迁（91 ～375 年）

注　释

[1] Edward L. Dreyer, Military Aspects of the War of the Eight Princes: 300-307, in Nicola di Cosmo, ed., *Military Culture in Imperial China*, Cambridge, Mass., and London: Harvard University Press, 2009: 112-142.

[2]《晋书》101 卷第 2644 ~ 2645、2648 ~ 2649 页，中华书局本。

[3] 陈寅恪：《魏晋南北朝史讲演录》（万绳楠整理）第 97 ~ 100 页，台北云龙出版社，1995 年。

[4]《资治通鉴》87 卷第 2742 ~ 2745 页，中华书局本；陈序经：《匈奴史稿》第 433 ~ 435 页，人民大学出版社，2009 年。最后两次，相隔仅两周，亦可合为一次。

[5]《资治通鉴》87 卷第 2752 页。

[6]《晋书》59 卷第 1625 页。

[7]《晋书》59 卷第 1626 页云"三十六王"。今从本纪，见《晋书》5 卷第 122 页。

[8]《晋书》59 卷 1625 ~ 1626 页；《资治通鉴》87 卷第 2760 ~ 2761 页。

[9]《资治通鉴》87 卷第 2762 ~ 2763 页。

[10] 王弥为汉人，《资治通鉴》87 卷第 2763 页。

[11]《晋书》5 卷第 123 页，102 卷第 2658 ~ 2659 页；《资治通鉴》87 卷第 2763 页。

[12] 见 Edward H. Schafer, The 'Yeh chung chi', *T'oung Pao*, 76: 4/5 (1990), 153.

[13]《资治通鉴》87 卷第 2791 页。

[14]《晋书》5 卷第 132 页。

[15]《晋书》26 卷第 783 页。

[16]《隋书》16 卷第 386 页。

[17]《隋书》32 卷第 915 页。

[18]《资治通鉴》87 卷第 2772 页。

[19]《晋书》70 卷第 1858 ~ 1859 页。

[20]《晋书》70 卷第 1871 页。王澄、谢鲲为当时清谈的典型人物。

[21]《晋书》75 卷第 1984 ~ 1985 页。王弼、何晏为老庄玄学之鼻祖。

[22]《廿二史札记》8 卷第 148 ~ 151 页，丛书集成初编本。

[23]《日知录》1 卷第 26 页，13 卷第 590 页，花山文艺出版社，1990 年。顾氏认为，"易姓改号谓之亡国，仁义充塞，而至于率兽食人，人将相食，谓之亡天下"。

[24] 陈寅恪：《魏晋南北朝史讲演录》（万绳楠整理）第 49 ~ 68 页，台北云龙出版社，1995 年。

［25］《晋书》43 卷第 1238 页。

［26］《晋书》31 卷第 953 页；《资治通鉴》80 卷第 2535 页。

［27］《晋书》3 卷第 80～81 页；唐长孺：《西晋分封与宗王出镇》，《魏晋南北朝史论拾遗》第 138～140 页，中华书局，1983 年。宋江夏王刘义恭已注意到封王的弊病："晋氏列封，正足成永嘉之祸"，见《全上古三代秦汉三国六朝文》（严可均编，中华书局，1958 年）全宋文 11 卷第 7 页。

［28］刘义庆原著，余嘉锡笺疏：《世说新语笺疏》7 卷第 388 页，中华书局，1983 年；王仲荦：《魏晋南北朝史》第 211～212 页，上海人民出版社，1979～1980 年。

［29］周伟洲：《汉赵国史》第 1～12 页，广西师大出版社，2006 年。

［30］《通典》195 卷第 5354～5355 页，中华书局本；吕思勉：《两晋南北朝史》第 21～22 页，上海古籍出版社，2005 年；韩国磐：《魏晋南北朝史纲》第 154～156 页，人民出版社，1984 年；唐长孺：《晋代北境各"变乱"的性质及五胡政权在中国的统治》，《魏晋南北朝史论丛》第 136～150 页，河北教育出版社，2000 年；林幹：《匈奴史》159～169 页，内蒙古人民出版社，1977 年；马长寿：《北狄与匈奴》第 77～116 页，广西师范大学出版社，2006 年。

［31］Alexander Demandt, *Geschichte der Spätantike*: *Das Römische Reich von Diocletian bis Justinian, 284-565 n. Chr.*, München: Verlag C. H. Beck, 1998: 112.

［32］阿兰为印欧语系游牧民族。苏汇维人、汪达尔人与哥特人同为日耳曼人。

［33］R. C. Blockley, *The Cambridge Ancient History*, Volume 13: *The Late Empire, AD 337-425*, edited by Averil Cameron and Peter Garnsey, Cambridge, England: Cambridge University Press, 1997: 118-123.

　　Sam Moorhead and David Stuttard, *AD 410*: *The Year that Shook Rome*, Los Angeles: The J. Paul Getty Museum, 2010: 79-87.

［34］R. C. Blockley, *The Cambridge Ancient History*, Volume 13: *The Late Empire, AD 337-425*, 124-25.

　　Sam Moorhead and David Stuttard, *AD 410*: *The Year that Shook Rome*, 88-90.

　　André Piganiol, *Le Sac de Rome*, Paris: Éditions Albin Michel, 1964: 97-99.

［35］Alexander Demandt, *Geschichte der Spätantike*: *Das Römische Reich von Diocletian bis Justinian, 284-565 n. Chr.*, 117.

　　André Piganiol, Le Sac de Rome, 99-102.

［36］André Piganiol, *Le Sac de Rome*, 102-103.

［37］André Piganiol, *Le Sac de Rome*, 104-106.

　　Sam Moorhead and David Stuttard, *AD 410*: *The Year that Shook Rome*, 124-28.

［38］ Edward Gibbon, *The Decline and Fall of the Roman Empire*, New York: Bigelow, Brown & Co., INC., Vol. 3, chapt. 31, 406-407.

Sam Moorhead and David Stuttard, *AD 410: The Year that Shook Rome*, 124-33.

André Piganiol, *Le Sac de Rome*, 104-108.

［39］ Alexander Demandt, *Geschichte der Spätantike: Das Römische Reich von Diocletian bis Justinian, 284-565 n. Chr.*, 118-19.

［40］ André Piganiol, *Le Sac de Rome*, 106.

Alexander Demandt, *Geschichte der Spätantike: Das Römische Reich von Diocletian bis Justinian, 284-565 n. Chr.*, 117-18.

Sam Moorhead and David Stuttard, *AD 410: The Year that Shook Rome*, 134-36.

［41］ R. C. Blockley, *The Cambridge Ancient History*, Volume 13: *The Late Empire, AD 337-425*, 127.

［42］ André Piganiol, *Le Sac de Rome*, 249-305. 所列诸家除圣杰罗姆和圣奥古斯丁以外，均为史学家。此外，Piganiol 还列举了佐西姆斯（Zosimus）。然而，佐西姆斯的现存著作没有关于陷落本身的记述。

［43］ Edward Gibbon, *The Decline and Fall of the Roman Empire*, Vol. 3, chapt. 31, 404.

［43］ Edward Gibbon, *The Decline and Fall of the Roman Empire*, Vol. 3, chapt. 31, 412.

［45］ André Piganiol, *Le Sac de Rome*, 335-36.

［46］ André Piganiol, *Le Sac de Rome*, 337.

［47］ 关于学术界对吉本"衰亡"论的再认识，见 Richard Gerberding, 25-26 in Paul Fouracre, ed. , *The New Cambridge Medieval History*, Volume 1: *c. 500-c. 700*, Cambridge, England: Cambridge University Press, 2005.

［48］ André Piganiol, *Le Sac de Rome*, 107-108.

［49］ 齐思和：《匈奴西迁及其在欧洲的活动》，《匈奴史论文集》，中华书局，1983 年。

［50］ 泽田勋著，王庆宪、丛晓明译：《匈奴——古代游牧国家的兴亡》第 192 ~ 198 页，内蒙古人民出版社，2011 年。

The Sack of Luoyang and the Sack of Rome in the 4th-5th Centuries

Victor Cunrui Xiong

Throughout her long history Rome has been sacked on several occasions, but the sack of 410 by the Visigothic king Alaric is arguably the best known, even though it was not nearly as damaging to the city as the Gallic invasion 800 years before and the Vandal invasion 45 years later. Inspired by this horrific event, St. Augustin of Hippo, the most powerful intellectual of late antiquity, penned his magnum opus, *De Civitate Dei*. Little known in the West, almost a century earlier, the then greatest city in the east, Luoyang, had been savagely sacked in 311. In many aspects, the sack of Rome and the sack of Luoyang, which happened at the opposite ends of the Old World, were eerily similar. Furthermore, the Chinese Xiongnu who caused the fall of Luoyang were ethnically linked to the Huns in the West, whose aggressive movement to the west drove the Goths into the Roman Empire, foreshadowing the sack of Rome. This paper attempts to examine the two events—their causes, processes, and outcomes—in comparative terms.

后　记

2014 年夏，在一次讨论会上，韩建业和我商量《早期中国研究》（第二辑）的主旨和组稿问题，韩建业提议把第二辑的讨论范围定在早期东西方文化交流与互动方面，我很赞同。这一领域在近些年来取得的研究成果和进展有目共睹，辑录一期国内外学者的最新研究成果正逢其时。于是我们商量了应该向哪些学者约稿，这个事情就这样定下来了。经过一年多的筹备，本专辑终于面世。

东西方文化的交流与互动，早在石器时代就已经开始了，并且随时代的演进在深度与广度方面不断扩展。越来越多的考古资料和研究表明，东西方文化的交流与互动即使在早期也不是一个东渐或西来的单向过程，远比我们想象的更丰富、更频繁、更复杂。不但物品、工艺和材料是交流的重点，礼仪、观念也随着文化的交流与互动悄然发生着变化。可以说，东西方文化的交流与互动从某种程度上丰富了早期中国文明的多元一体特征。本专辑所收录的几篇论文，尽管视角不同，都从不同层面论述了早期东西方文化交流的多样性与复杂性。

本专辑能够顺利完成，我们首先向牛津大学的罗森教授表达诚挚的谢意。罗森教授慨然应允我们全文翻译、刊载其在《亚洲艺术》2013 年第 1 期发表的力作。罗森教授长期致力于中国古代历史与文化，以及早期东西方文化交流与互动方面的研究，其研究成果历来为国内外学术界所关注。我们也要向曾任职于香港中文大学，现在牛津大学阿什莫林博物馆工作的刘艳博士表示衷心的感谢。刘艳博士不但认真校订了我们的中文译稿，并且在几次见面会谈中慷慨地分享了她对于早期东西方文化交流研究方面的心得与体会。

　　感谢剑桥李约瑟研究所所长梅建军教授应允我们翻译、刊载其文，并亲自校订了一些表述上的错误。感谢美国西密歇根大学的熊存瑞教授、中国国家博物馆的李刚研究员、南京大学的张良仁教授、中国社会科学院考古研究所的郭物研究员不吝赐稿。感谢北京语言大学研究生周芸的精心翻译。

　　希望我们的工作能够起到抛砖引玉的作用，使更多的研究者关注早期东西文化交流，进而对早期中国文明、国家的形成等做更为深入的思考。

张经

2016 年 3 月

征稿启事

　　《早期中国研究》是由北京联合大学考古学研究中心主办的学术刊物，定期结集出版，诚邀海内外学者赐稿。

　　文稿内容以与早期中国研究相关的原创学术论文为主，也可以为译文，主要包括中国先秦考古学文化分期和谱系、中国先秦考古学文化的区系格局及其演变、文化上早期中国的内涵与特质、文化上早期中国的形成与发展、早期中国与自然环境、早期中国与文明起源、早期中国与古史传说等方面，可涉及考古学、历史学、人类学、民族学、社会学、语言学、生物学、地理学、地质学等诸多学科。

　　稿件具体要求：一般以 5000～20000 字为宜；来稿请附中英文摘要（300 字左右）、关键词（3～5 个）和作者简介；统一采用尾注；译文需取得原作者授权。

　　本刊不收版面费，一经刊用，即付稿酬，并寄样刊 2 本。

　　电子邮件投稿地址：zqzgyi@sohu.com　　　　联系人：张俊娜

　　编辑部地址：北京市海淀区北土城西路 197 号北京联合大学考古学研究中心，邮编：100191